国际时尚设计丛书·服装

时尚设计管理：

品牌视觉营销

[英] 莎拉·贝利　乔纳森·贝克　著

李晓慧　译

国家一级出版社　中国纺织出版社　全国百佳图书出版单位

内 容 提 要

本书是一本关于时尚视觉营销的实用专业书籍，与以往同类视觉陈列图书相比，本书从理论和实践出发，鼓励读者将视觉营销的专业理论灵活运用在实践操作中。本书旨在帮助视觉营销人员开发时尚商业的视觉营销方案，从最初的设计过程到商品配置阶段，再到最后的实践操作，帮助他们了解视觉营销的各种方法。全书分为六部分：顾客体验、陈列设计的基本要点、空间规划原则、商品展示、调研和设计、视觉营销的未来。

本书的亮点在于：每章都设有案例分析、业内人士访谈方面的内容，提供了具有实践意义的宝贵经验和建议。本书最后还探讨了视觉营销的未来和创新，探讨视觉营销的新发展、新方法，具有启发性，部分章节指导读者从用户体验角度设计营销活动。

原文书名：Visual Merchandising for Fashion
原作者名：Sarah Bailey and Jonathan Baker

著作权合同登记号：图字：01-2013-6368

图书在版编目（CIP）数据

时尚设计管理：品牌视觉营销 / （英）莎拉·贝利，（英）乔纳森·贝克著；李晓慧译. --北京：中国纺织出版社，2018.6

（国际时尚设计丛书. 服装）

书名原文：Visual Merchandising for Fashion

ISBN 978-7-5180-5016-1

Ⅰ. ①时… Ⅱ. ①莎… ②乔… ③李… Ⅲ. ①时装-市场营销学 Ⅳ. ①F768.3

中国版本图书馆CIP数据核字（2018）第099616号

责任编辑：张晓芳　张思思　　特约编辑：张　棋
责任校对：寇晨晨　　责任印制：何　建

中国纺织出版社出版发行
地址：北京市朝阳区百子湾东里A407号楼　邮政编码：100124
销售电话：010—67004422　传真：010—87155801
http：//www.c-textilep.com
E-mail：faxing@c-textilep.com
中国纺织出版社天猫旗舰店
官方微博 http：//weibo.com/2119887771
北京华联印刷有限公司印刷　各地新华书店经销
2018年6月第1版第1次印刷
开本：710×1000　1/16　印张：12
字数：180千字　定价：68.00元

凡购本书，如有缺页、倒页、脱页，由本社图书营销中心调换

简介

视觉营销将艺术和设计融入了零售业中。它在诸多领域中扮演着重要的角色，如时尚界、室内设计、电影、电视、各种活动和展会等，发挥着创造性和商业化的作用。为了强化品牌效应，零售业的工作人员必须全程参与设计调研和实施过程中的主要阶段。许多零售商常常低估或忽略了视觉营销的作用，然而它恰恰是零售业中关键的一环，并且会增加很大的经济价值。

本书通过列举调研、探索、演绎、建筑和安装的实例，阐述视觉营销的设计和实施方案。书中通过二维图、计算机辅助三维设计成功创造出室内零售陈列设计的虚拟环境，并以此来论述概念开发。

时尚视觉营销中的创意和策略始于深入探索最具效力的领域——传播、交流，它包括参观国际文化遗址、考察橱窗和室内展示及所有其他组成视觉营销的成分（艺术、建筑、设计和自然形态等），通过草图和照片记录这些参观过程并用不同材料做出它们的三维形态。深入研究标记制作和三维形态是视觉语言和传播的重要表现形式。

从私人场所到公共场所的历程令人惊叹不已。人们在购物前在哪儿碰面？同类型的店铺，为什么顾客会去某个特定的店铺而不去另一家？某些商品为什么能大卖？看到一个品牌时最先被它的什么特质所吸引？人的心理在一定程度上影响着顾客抉择，这就是我们要通过案例来深入探索的部分。

本书旨在帮助视觉营销者在时尚零售业中开发出新的工作方式。书中运用多个案例来强调并详述了视觉营销中消费空间的理论、零售空间设计的复杂性、顾客导向的控制以及空间阶层体系的评估等，这些共同构成了整个视觉营销战略，但其中最重要的一点是创造视觉零售体验并以此来吸引并引导消费者。我们如何构建零售空间来使其既保持商业性，又能创造出一种体验来将虚拟环境和实体环境融合在一起呢？

《时尚设计管理：品牌视觉营销》旨在提供基本的技巧和知识，以启发读者在竞争激烈的视觉零售环境中思考如何将概念理论和商业实践结合在一起。

拉尔夫·普奇（Ralph Pucci）时装模特展

目　录

图 1-1

1

第一章 顾客体验

什么是视觉营销？为什么我们要从事视觉营销？在时尚产业中它涵盖多大范围？为了增加品牌认知度和忠诚度以及与消费者进行更深入的沟通，设计顾客体验对时尚零售者来说变得前所未有的重要。在零售业不断发展的多渠道环境中，实体渠道的购物体验被视为视觉营销最重要的平台之一。本章旨在从娱乐、品牌体验、商业和视觉宣传工具以及营销机会这些方面来探讨视觉营销的本质。

什么是视觉营销

视觉营销应该被看作是从概念设计到实施完工的一个完整过程，目的在于明确定义品牌、保持品牌价值、吸引消费者进入商业区并让他们尽可能长时间驻足。视觉营销是品牌、消费者、产品和环境的主要连接者，它能吸引消费者走进卖场，并鼓励他们进行消费。

为什么我们要进行视觉营销?

× 宣传品牌标识。
× 提高品牌形象。
× 增加视觉刺激和影响。
× 创造氛围。
× 展示产品或服务的范围。
× 增加销售。
× 吸引顾客入店。
× 最大化利用空间并有效地陈列产品。
× 优化购物体验。

时尚品牌设计

任何视觉营销方案的出发点都是产品与品牌。品牌是任何方案定位和执行的主要因素，这对于时尚视觉营销来说也同样适用。如果某个品牌是定制的、独一无二的一个奢侈品牌，那么为了获取目标客户，视觉营销方案就需要反映出这个产品和品牌的价值。

视觉营销方案中还要考虑产品的类型、特征和优势以及产品的用途是什么?如何买到这个产品。

视觉营销师的工作就是为品牌创造视觉差异化。举例来说，不计其数的商家销售白衬衫，但是一件白衬衫如何能区分于其他品牌的白衬衫呢? 这个挑战就在于视觉营销师是否能创造出吸引消费者的方案，如通过检视品牌标识和价值，我们可以和顾客建立一些“联系”。品牌标识可以由以下几个部分构成:

× 品牌理念。
× 产品类型。
× 对消费者的吸引力。
× 特征和优势。
× 服务的类型或层次。

图1–2 拉尔夫·劳伦品牌纽约店铺橱窗设计

图为拉尔夫·劳伦（Ralph Lauren）纽约店铺的橱窗设计。尽管整个视觉营销设计背后的横向思维是来自产品和品牌本身，但更多的概念性设计可以从消费者生活方式、社会形态和流行趋势中获得。这将在第三章详细探讨。

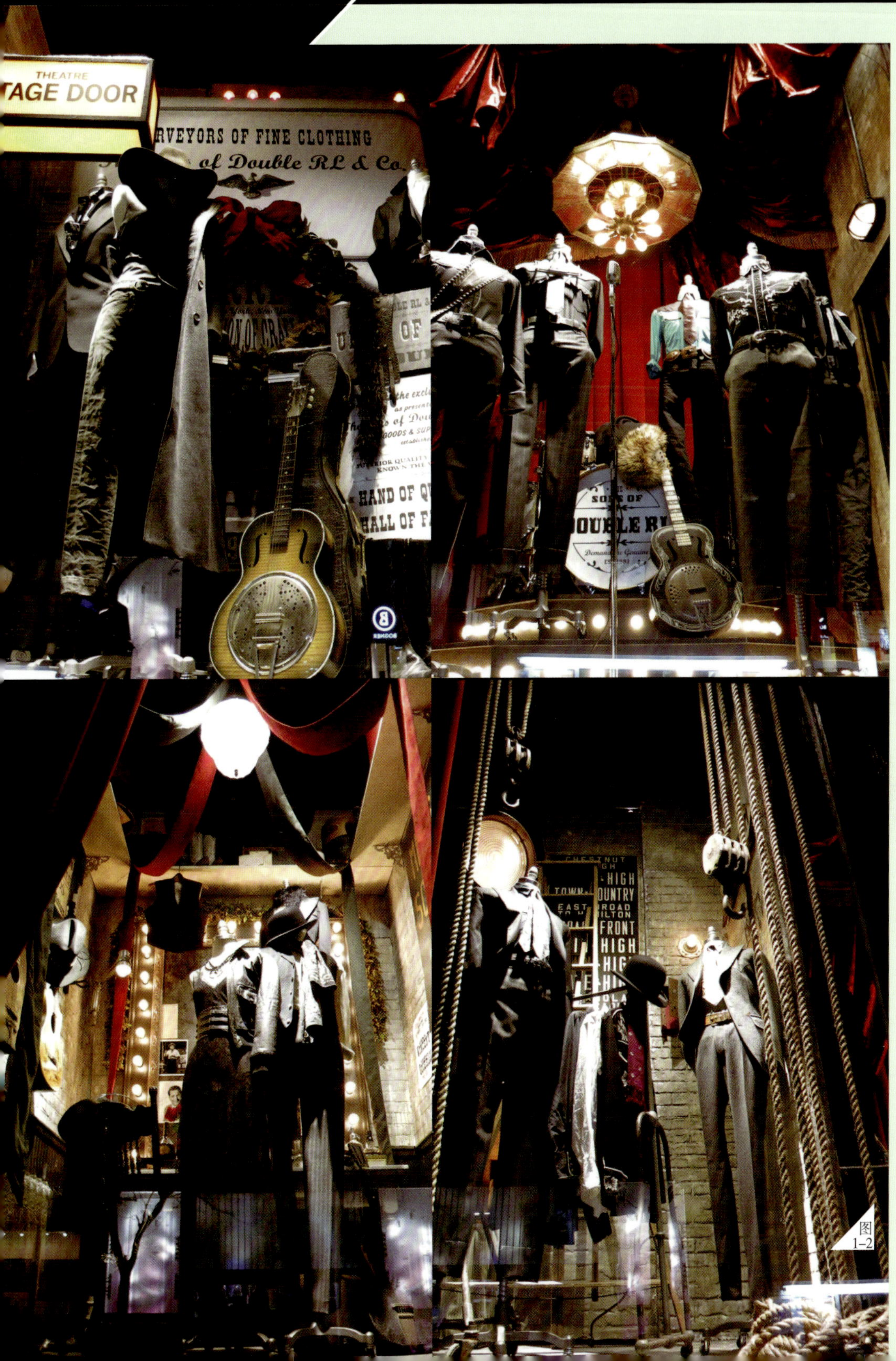

图1-2

设计顾客体验

正如我们所看到的那样，视觉营销讲的就是如何将产品和品牌销售给顾客。通过视觉刺激与顾客建立联系，触发他们的购买欲，进而促使他们购买这个品牌的产品。视觉营销师可以通过多种方式来为顾客创造出这种视觉体验：如通过橱窗陈列设计吸引、震惊、愉悦、诱惑观看者；通过店铺布局引导顾客经过某个特定产品，达到视觉效果，将顾客注意力吸引到特定的展示上。这些方法我们将在第四章中做进一步说明。

视觉营销的元素

通过评估店铺中的实体空间，如地板、天花板、墙面等布置，来了解视觉营销的组成元素。

整体方面（大范围概述）

× 空间布局——通过商品定位来体现品牌特性（例如低调奢华或产品堆积）。

× 现场品牌体验——视觉识别，如风格和展示。

× 店铺指南——导航，如路标指示、产品服务和方向指引。

× 宣传方式——叙述，如讲故事和品牌标识。

× 商业手段——沉默销售，如价格点和促销。

× 营销机会——促销零售，支持广泛的外部营销活动。

× 娱乐休闲——鼓励顾客参与店铺中的其他活动。

× 艺术或创造性——概念艺术，独特卖点以及与其他店铺的不同点。

视觉营销方案的生命周期

1. 主要项目的零售商与顾客，期限与预算
2. 调查产品、品牌和环境
3. 研究思路和主题
4. 描出2D创意草图并视觉化展示研究现状
5. 回顾并讨论创意与顾客要求
6. 利用情绪板、样品板、颜色板对创意进行深度研究
7. 把设计说明转化为3D模式或模型
8. 展示2D和3D的视觉设计给顾客以取得他们的肯定
9. 原始材料、道具、陈列供应商
10. 原型设计审批
11. 成本与预算规划，数量与分配管理
12. 安装与首次公开展示

局部方面（小范围，哪些因素构成了零售空间）

× 仰视层——天花板、墙面、灯光、建筑式样、图样、顶部标牌、产品陈列。

× 视平线——产品置放、人体模型、道具、销售点、主要焦点、柜台安装、图样。

× 地平线——陈列设备、椅子、布局、密度、产品置放、地板、灯光、通道、地面图样。

× 窗口——包括招牌、店铺前端和入口。

× 服务区——座椅休息区、环游通道、现金结账设施、换衣间设施、顾客服务区（例如私人采购、私人剪裁、人体扫描）。

视觉营销方案创造的生命周期

设计并实施视觉营销方案创造的生命周期通常要考虑以下因素，首先，供应商的生产前置时间、交货日期、贸易和营销时期。其次，寻求道具与装饰材料，有时候为了合适的道具与材料，消耗的时间能影响提供一整套视觉营销方案所需的时间。如果方案越复杂，供应商越多，那么组织与协调方案的实施也会更复杂。

平均下来，一个大型零售企业的橱窗方案每5～8周会有一次大的改动，但是小产品的变换以及一些细微变动（在同一个主题内的改动）则每1～2周进行一次。

较小型的独立零售商通常会更频繁地改动他们的橱窗，为吸引目标顾客，他们的装饰设计一般更具有个性和定制特色。这种运作方式比起大型公司的装饰会灵活得多，相应资源消耗会更少，所以在一个较低预算下使橱窗变得更有创意是至关重要的。

图1-3 视觉营销方案的生命周期

这幅图展现了一个设计方案创建过程中的12个关键步骤。

视觉营销师的工作地点

随着全球市场的不断发展以及数字销售环境的持续改善，视觉营销师的传统角色已经不复存在。现在，他们的角色涵盖范围更大，也意味着要有更广泛的技能。这里我们将着重关注在时尚行业工作的视觉营销设计师们。

视觉营销工作室

有史以来，蜗居在地下室或者寄居在零售店中的视觉营销工作室通常是创意的开发地。根据营销团队的分组，工作室也可以被划分为图标设计师、图解人员、品牌创意人员的工作区域，还有视觉陈列师进行试验的创造性区域。因为视觉营销的角色非常多样化，所以他们的工作环境也要体现出这种多样化，这点非常重要。在店铺中分配一个特定的空间用来储藏或者准备那些视觉陈列道具、图标、材料和货品是非常重要的，因为它能随时满足陈列方案的变换。由于空间通常很有限，所以如何将整个工作空间划分成销售区域、储存区域、宣传区域或工作区域已成为一个挑战。

图1–4　甘特·锐格（Gant Rugger）的展示厅

甘特·锐格（Gant Rugger）的产品陈列展示厅。

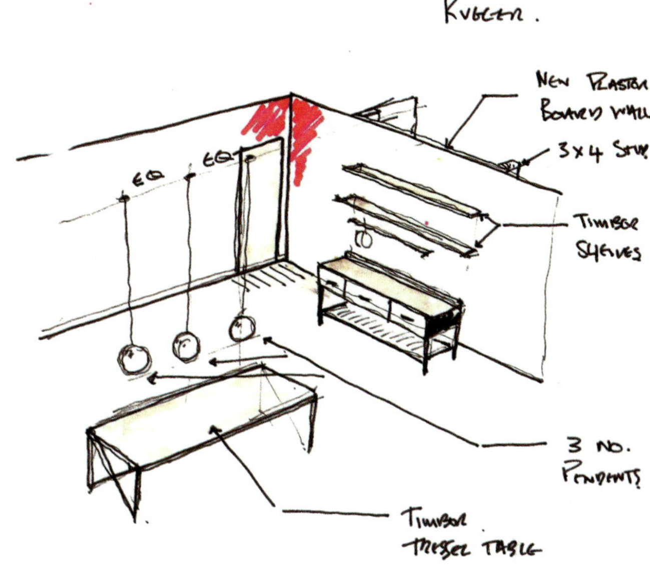

图 1-4

模拟商店和橱窗空间

对于大多数大型零售商来说，为视觉营销师预留一个空间对于自己的生意是至关重要的，他们利用这个空间来研究新的技术或者试验并完善新方案。测试并评估新方案是很重要的，因为一旦在许多门店推出新陈列方案时就会产生大量财务成本。

在实际中，有的时尚公司倾向于挑选一个能在视觉上进行革新或者提升的商店，或者是一个具有高档次视觉概念的旗舰店进行视觉营销创新。有一些时尚公司有实体的模拟商店空间，它是不对公众开放的，它主要用于检测视觉创意和储存闲置产品，在模拟商店中可进行拍摄并向潜在买家展示产品。

展示厅

展示厅有点类似于商业街上的店铺，但是这里只对买家、商家、分销商、设计师和总部零售店员工开放。它主要是充当一个销售空间的作用，以向外部买家、特许经销商、特许经营商或百货商店展示、销售新产品。

视觉营销的角色

视觉营销并不都是基于店铺内的设计营销，它的其他角色还包括：

- 视觉营销造型师。
- 杂志视觉营销。
- 视觉营销记者。
- 人体模型设计师。
- 道具供应商。
- 事件视觉营销。
- 视觉营销摄影师。
- 视觉营销博客作家。
- 在线视觉营销师。
- 视觉营销训练师。
- 视觉营销说明作者。
- 视觉营销宣传。

从事视觉营销工作

视觉营销是一个竞争非常激烈的行业，若想从事相关工作，最好提前做好充足准备。在大学中学习这个专业是进入这个行业的绝佳途径，它能提供很多机会，使你更好地了解行业，让你参与竞争、测验和尝试新想法，锻炼你的思维和实践技能，并教会你如何建立作品集等。在大学你能有充足的时间来建立行业内的一系列关系网，这是特别重要的一点。

工作经验也是很必要的，它能锻炼你的技能，提供社交机会并建立自己的作品集。除了坚定的决心和不懈的坚持，没有任何其他捷径可进入这个行业。工作的起点可以先从视觉陈列师、零售店的供应商、零售机构或杂志中获取经验，或者是为自己的朋友和同事提供免费的视觉营销服务来增加经验。

不管你通过什么样的途径来增加经验，明智的做法是通过图像或者其他可视化手段来记录你的工作，建立作品集。同时要创建一个数据手册或者研究档案，尽可能多搜集产品信息，例如道具、人体模型和材料样本的目录，这也能帮助你提高对于视觉营销行业的理解。建立一个激发灵感的视觉参考书目，包含有趣杂志文章的剪贴簿；也可以创造一个涵盖创意过程和历史信息的关于视觉陈列和通用设计书籍的文库。

在视觉营销中，口头的和视觉性的展示技能至关重要，尽管不是所有的客户都要求在展板上展示概念，但他们也许会期望能用数字化的形式来进行展现。能够简单有效地将视觉创意传达给那些不了解创意过程的人们，这是一个基本技能。

视觉营销师的角色不同于创意视觉艺术总监，它会承担更多分析空间规划或者视觉宣传的工作。根据你个人的优缺点，你能够评定这种工作是不是适合你。

正如其他行业一样，视觉营销行业中的雇主对其所需雇员也会有他们自己的要求和偏好。以下涵盖了在视觉营销行业中工作所需的能力和技巧：

- × 可靠和守时。
- × 创造性。
- × 实践技能。
- × 电脑技能。
- × 团队合作技巧。
- × 有创造精神，能独自高效地工作。
- × 有解决问题的能力和技巧。
- × 沟通技巧。
- × 学习的意愿，对于这个行业拥有热情和激情。
- × 鼓舞和激励行业中的其他人。
- × 有效的时间管理技能。
- × 特定的主题意识。
- × 公司背景知识。

视觉营销工作积极的方面

艺术性——视觉营销师的工作基本上都富有创造性且鼓舞人心，总是产生新想法并开发新概念。

实用性——视觉营销师的很多工作都需要在实际中实践，每天在不同的地方工作，或和不同的人一起工作。

曝光度——视觉营销师有机会在很多人面前展示自己的工作。

团队合作——作为视觉营销团队的一员，须以团队合作为中心。

多样性——正如不断变化着的方案一样，视觉营销师每天的工作都和前一天的不同。

出差——视觉营销师为了一个特定品牌和国际店铺有机会出国工作。

视觉营销工作消极的方面

工作时间——视觉陈列师有时会通宵工作进行创意设计。

体质方面——这份工作需要大量体力和身体的协调性。

需要沟通——由于好的设计有时并不意味着畅销，销售经理提出的绩效目标和商业决策对视觉营销工作团队来说是个难题。与不懂得创造性工作的人交流沟通是视觉营销工作之一。

需要解释——与供应商和同事交流方案时会遇到困难。向国际店铺推出展示方案时，流行趋势和风格在不同的环境下会很容易被误解。

竞争激烈——如同很多艺术类的工作一样，这是一个竞争非常激烈的艺术性零售工作。

作品集

作品集是视觉营销师的“王牌”，也是让潜在雇主正确评估视觉营销师技能水平的最佳方式。如果你被邀请参加一个面试，你就必须展示一些技能，展示自己的作品集非常重要。因此要问一个作品集应该包括什么，通常我们会推荐以下几点:

× 只展示那些你能做好的东西，而不是那些还需要进一步完善的设计。面试者想知道你能够为公司贡献什么，而不是思考如何提升你的技能来达到其他雇员的水平。

× 剪裁、编辑自己的作品集，把重点放在公司面试需要的内容，作品集必须要适合工作角色或符合招聘广告上的工作技能要求。

× 只展示那些你最近完成的几个项目，这些也应该是你项目中表现最好的几个。

× 视觉营销基本都与展示有关，所以要确保展示给潜在雇主的任何作品都具有美感且制作专业。

× 在任何会议前后，在线作品集都是宣传你作品的一个好方法。

采访：玛克辛·格鲁卡特（Maxine Groucutt），利伯蒂（Liberty）品牌，英国伦敦

玛克辛·格鲁卡特学习过时尚与服装设计。她曾经在威尔豪斯（Warehouse）、塞尔弗里奇小姐（Miss Selfridge）、拉尔夫·劳伦公司工作过。现在是伦敦利伯蒂的视觉识别主管。

Q 描述一下你的背景，还有你在自己的职业生涯中是怎样做到这个职位的？

A 最初我在大学学习时尚与服装设计，后来逐渐被零售业吸引，由于不断奋斗一直做到管理层，后来认识了一个人，是一位视觉营销师（也称视觉陈列师），询问他怎样才能进入视觉营销这个行业。当时，我为时尚品牌威尔豪斯（Warehouse）工作。我随后成了塞尔弗里奇小姐（Miss Selfridge）品牌的视觉助理。

我的个人生涯之路非常平缓，我为很多高街品牌和奢侈品牌工作过，然后逐渐经过视觉陈列和管理层做到我现在的位置——一个奢侈品牌的视觉识别主管。

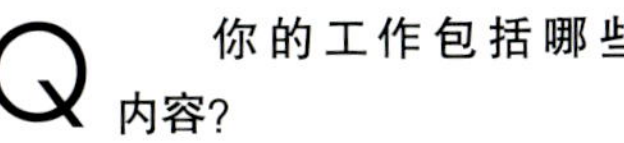

你的工作包括哪些内容？

A　我现在的工作是监管利伯蒂中任何跟视觉有关的内容。这包括和我的团队一起设计橱窗方案、店内的视觉营销、内部装修和店铺内外的图片和宣传工作。作为一个团队，我们的工作会从概念设计到方案完工为止。在前半年我会先设计出一个新概念的整体外观和感觉，并交流这个概念如何才能更具创意，然后我们的团队会一起讨论将要实施的概念，最后我再进一步开发它。可以说这是一个有机的工作过程。

你的团队成员都有谁？还有他们的背景是怎么样的呢？

A　我们的团队总共有12人，有1名助手负责橱窗，另1名助手负责室内设计，还有一个由2名经理和4名队员组成的视觉营销团队负责图像。我们所有的队员都富有创造性，他们以前有的是珠宝设计师，有的是兽医、美术家或者得到提升的销售人员。

奇怪的是，我从来没有面试过一个完全是从视觉营销行业中出身的人，他们似乎也不会申请这个职位，所以团队中大部分人员都是偶然进入视觉营销这个行业的。拥有一个真正了解利伯蒂品牌的强大团队使得我们能够实现更大的财富价值。

Q　你觉得利伯蒂的哪些地方是按照视觉营销来进行视觉定位的呢？

A　在利伯蒂我们专注于协作，特别是在工艺品方面，我们的独特卖点在于“策展项目”。历史上，这个品牌从1875年创建时就开始销售来自诸如日本、中东和亚洲这些国家和地区的艺术品和高档工艺品。亚瑟·莱曾比·利伯蒂（Arthur Lasenby Liberty）是最初跟威廉·莫里斯（William Morris）和加布里埃尔·但丁·罗赛蒂（Gabriel Dante Rossetti）一起工作过的人员。

现在，我们跟马诺洛·伯拉尼克（Manolo Blahnik）、爱马仕（Hermès）、格雷森·佩里（Grayson Perry）这样的艺术家或设计师和品牌合作。所以从最初开始，利伯蒂就是在全世界的范围内策展产品，以具有竞争力的价位提供优质设计，我们以自己对于艺术、设计和工艺的热情保持着高水平。通过视觉营销定位，我们在时尚空间内的所有设计都体现了我们的视觉营销主张；我脑子里总是想如何才能创造性地增加产品价值。

Q　视觉营销从概念到完工，过程是怎样进行的，开发一个概念大概要花多长时间？

A　当开发新方案时，我们常提前三个月就开始工作，所以我们总是有备无患。首先举行启动会议、寻找样品、讨论所有不同的相关元素，使概念达到“签收”阶段，这些工作要花几周的时间。我们还制作出所有主题的情绪板，每个单独的橱窗主题都由一种色彩进行粗略的素描，并定位不同元素的位置。同样，当我们和合作者共同合作时，我们会从一个初始的概念开始，并决定这个合作是什么形式，又由什么组成。我们与马诺洛·伯拉尼克的合作明确定位于利伯蒂商店，而与马顿斯博士（Dr Martens）的合作却是一个全球性大规模展出中的一部分。因此，我们需要以两种截然不同的策略来进行合作，并考虑利伯蒂和相关品牌的共同利益。

Q 技术是不是利伯蒂商业环境的一个重要部分呢？

A 技术在未来肯定会是零售业一个重大的部分，目前我们正在评估视觉技术对我们这个品牌的最佳用途。如何利用技术尤其重要，因为它不仅有商业价值，也有视觉价值。应用程序对我们来说可能是最佳的技术手段，这是一个吸引目标顾客，把目标顾客引向我们网站的一个绝佳方式。

当然，我们也看到很多品牌大量利用荧光屏和其他方式等，然而我们也需要考虑环境的美化。在一个建筑上安装尖端科技并不会有很大作用，所以在当前我们需要很好地认识技术，在商业环境中该应用什么技术，尤其是它的内容，因为这需要很高的成本。

Q 在你的设计中，持续性是不是一个很重要的考虑因素？如果改变一个旧方案，这个旧方案会如何处置呢？

A 当我们设计一个视觉营销方案时，我们必须考虑这个方案如何从橱窗转入到店铺环境中。我们所用到的所有物品至少拥有“九条命”，比如说我们在市场和集市上搜集的道具，我们会不断地重新使用或者重做它们。比如说，我们会改变它的颜色、质地，或者在新材料上覆盖一些东西，因此，任何道具都有一个很长的使用期。

图 2-1

2

第二章 陈列设计的基本要点

了解从店铺陈列到装置安装中的基本设计概念对于有效展示一个视觉概念来说至关重要。陈列动态巩固了视觉陈列的原理，也是创建和谐美观的展示的关键。学习利用结构布局、颜色、形状、形态和模式来实现最佳的视觉效果，这点对于视觉营销师来说是很关键的。这章主要探索怎样用一系列的视觉手段协调产品和陈列装置，来达到令时尚零售者满意的结果。

图2-1 在普拉达（Prada）的展示中，简单垂直的线条创造出一种强烈的美感。

线条

在视觉陈列空间中，线条扮演着一个关键的角色，主要用来吸引顾客的视线。

垂直线条

从本质上来说垂直线条是代表着两点之间最短路径的直线。视觉陈列应该能促使顾客在经过这段路径时以上下的形式观看商品，从而使他们能观赏到更多的商品。垂直线条可以视作稳固的结构，然而，当垂直线条是以倾斜的角度摆放的时候，它们又会变得非常积极，充满活力。V型线条通常被用来吸引顾客的注意。

水平线条

水平线条能够通过使用桌子、架子或者陈列设备来呈现。它通过限制顾客观看产品的视线，引导顾客更近地观看，从而给购物体验增加一种好奇感。应用水平线条的一个更加灵活的方法是在一个长椅上倾斜放置人体模型，或者在窗户装饰（橱窗）中粘贴乙烯基条纹线。同时我们也可以用垂直和水平线条来设计一个橱窗或者创造一个焦点，用自然水平线创造出一种舒适的效果。

图2-2
图2-3
图2-4

图2-5

图2-6

环形线条

环形图案在设计中经常被重复使用。环形图案比起直线条的图案显得更加娇柔，从而使零售空间显得更柔和。图形的线条越多，它的内涵也就更积极向上。形状和形态会极大地影响观赏者的潜意识和触觉，并且不会立即被察觉。

图2-2 普拉达橱窗内的水平线应用，伦敦。
图2-3 巴黎春天百货（Printemps）橱窗内的水平线应用，巴黎。
图2-4 凯卓（Kenzo）橱窗内的直线应用。
图2-5 芬威克（MaxMara）橱窗内的垂直线应用，伦敦。
图2-6 ABC的环形线应用，纽约。
图2-7 德诗高（Desigual）橱窗内的环形线应用。

图2-7

结构布局

对于成功的视觉陈列来说，平衡和比例的基本原则是至关重要的。

对称

对称陈列指的是两边摆设对等的结构或设计，它也可以叫作“正式”陈列。零售店如约翰-路易斯（John Lewis）应用对称结构使产品布局清晰明了，使顾客有条理、有顺序地进行购物。

我们都知道对称性在建筑设计、艺术设计和其他形式的设计中常被应用，然而，在产品展示中应用对称性则会失去趣味性。虽然在零售橱窗和空间中采用对称陈列是最简单的平衡结构，但如果运用的范围过大就会显得单调无味。

非对称

产品以非对称展示需要考虑到多种平衡问题，从而打造主要的非平衡展示。非对称可以看作“非正式”陈列。其最简单的形式是在较小产品旁放置同类的大型产品。在非对称陈列中，对于去考虑产品是否是相同重量、颜色或材质，我们应更关注视觉平衡性。

混合非对称

在一个展示中，可以以一种更复杂且更具创造性的方式混合来使用视觉技术。混合非对称陈列的一个典型例子就是波道夫·古德曼（Bergdorf Goodman）的店铺陈列，它的双重展示创造了双重焦点。

图 2-8

金字塔型

金字塔造型是最被广泛应用的展示结构之一。有史以来，从雕塑、绘画到建筑，艺术界的所有领域都能见到这种结构造型。金字塔意味着结构、力量、平衡与和谐，经常被用来解释阶层理论。金字塔造型在展示中被广泛应用，它通常也是在展示、陈列中学习结构的起点。

重复

在产品展示中运用重复结构可以是在同一场地布置相似的产品，或者重复颜色、文字、形状、形式和质地。安迪·沃霍尔（Andy Warhol）的玛丽莲·梦露（Marilyn Monroe）丝网印花是重复的标志性图像形式。这种技术用于商铺橱窗和店内展示中，用来创造出强烈的视觉冲击。

图2-8　伦敦摄政街（Regent Street）橘滋（Juicy Couture）旗舰店的对称橱窗展示。

图2-9　伦敦牛津街（Oxford Street）耐克小镇店（Nike Town）非对称橱窗展示。

图2-10　纽约时装周（New York Boutique）瑞德·克拉考夫（Reed Krakoff）复合橱窗展示。

图 2-10

图 2-9

辐射状

辐射状的展示可以应用到一件产品或者一个展示的结构造型上。辐射状可用来创造出一个中心焦点，或者一个偏离中心的关键产品的焦点，然后由这个产品引导观看者视线移动。

阶梯

阶梯是金字塔的一种变异形式，能够以不同高度来展示产品，通常阶梯最多是三层。阶梯（也被视作道具）能够在一个展示橱窗内用来制造高度差与平衡感，并且能充分利用空间。

图2-11 图2-13
图2-12 图2-14

图2-15

图2-16

反射

反射是一种对称的形式，比如镜像。反射也可以用来展示背面形式的细节，否则背面就会在顾客的视线之外。这个技术包含两种形式，真实形式和反射形式，它能增加视觉陈列装饰的深度，镜面图像能营造出很强的视觉感。

对比

在视觉陈列中对比有多种形式，它们可以是形状对比、形式对比、材质对比、线条对比、品质对比、厚薄对比、高度对比、比例对比等，通过增加对比的元素能打破对称和重复的单调性。

交替

交替是非对称和重复的变异形式，交替最简单的形式是同一产品的重复交替轮换。

渐变

同一种类的商品尺寸不同，可以根据它们尺寸的渐变一组组相同尺寸的产品按序列放置的形式。

失真

失真经常用来创造产品的讽刺效果，它们可以是特大号，也可以比实物更大，或者是一种扭曲失真的形式。

图2-11　路易·威登（Louis Vuitton）节日橱窗用放射形式展示中心产品。

图2-12　芬威克展示中的图片采用了放射形式来作为展示的起点。

图2-13　莫斯奇诺（Moschino）店铺陈列中的阶梯形式（伦敦）。

图2-14　卡尔文·克莱恩（Calvin Klein）的电视监控器（伦敦）。

图2-15　波道夫·古德曼店铺，有棱角的镜子给展示增加了深度（纽约）。

图2-16　博柏利（Burberry）展示中采用一些有镜面的小饰物。

比例

比例手法在展示小件产品时效果很好，例如展示香水和化妆品这些在周围环境下显得不起眼的产品，不同比例的道具，可以用来展示这些产品的细节。

图2-17 图2-18 图2-19 图2-20

重力

重力布置是由悬空或悬挂的形式组成。悬空、悬挂的元素可以是固定的、动态的、哑光的、闪光的、带纹理的、浅色的、深色的等。重点在于它们模仿了地球的引力。

反常态

推出一款不规则或反常的视觉营销展示方案可以吸引消费者的注意力。我们能从无数个例子中汲取灵感，但最好的例子应属曼哈顿的教会，这些教堂与周围的摩天大厦相比就相形见绌了。当同类型的产品以不规则摆放时，这种设计就成了注意力的焦点，因此这种设计通常都带有特别的目的性。

图2-21

图2-17　塞尔弗里奇（伦敦）。
图2-18　蒂芙尼（Tiffany）（伦敦）。
图2-19　吉尔·斯图亚特（JillStuart）（纽约）。
图2-20　希奥睿（Theory）（纽约）。
图2-21　在意想不到的地方放置道具能吸引消费者的注意力，例如本图所展示的爱马仕巴黎秀。

质地

表面处理能引起人们的即时反应，并且在视觉营销展示方案中可形成一个核心部分。

材料

消费者对材料质地的反应复杂多变：一种粗糙的、有颗粒感的材料也许让人感觉粗硬，而丝滑的材料则会让消费者想去触摸。在销售产品的过程中，消费者对材料的反应是重要的一个环节。显而易见，如果顾客触摸了某个产品，那么他们购买此商品的可能性就会大大提升。

当挑选陈列设备、道具和人体模型时，将材料的质地与展示方案、品牌或产品联系起来非常重要，像金属、原木、水泥这样的原材料就与迪赛（Diesel）和All Saints品牌有着紧密联系；Kurt Geiger店铺出名之处就是它在店内使用反光或镜面设计，作为鞋类陈列设备的表面材料。

图2-23

图2-24

图2-22

图2-22 嘎嘎（Gaga）在纽约巴尼（Barney）的工作室，使用了柔软的陈列材料。

图2-23～图2-25 在纽约巴尼（Barney）的展示中，假发被用来增强雷迪嘎嘎（Lady Gaga）的主题效应。

图2-26 芬迪（Fendi）橱窗陈列中使用硬的金属材料。

图2-27 在伦敦雨果博斯（Hugo Boss）店铺陈列中运用了铬合金、金属和镜面墙面。

图2-28、图2-29 芬迪陈列中，运用了闪亮装饰的豪华金边材料。

图2-25

图2-26

图2-27

图2-28 　图2-29

图 2-30

图案

图案的运用通常是依据产品以及视觉营销中的潮流趋势而定。一个复杂的图案可以使人产生兴奋感，但是如果使用混合图案没有达到应有的效果，则很容易让人产生困惑。几何图案通常效果很好，因为它给整个展示带来了某种平衡或失衡感，并且可以分散运用在产品、道具和人体模型中。

图2-30 ~ 图2-32　草间弥生（Yayoi Kusamo）为路易・威登在纽约塞尔弗里奇（Selfridges）百货商店所做的陈列展示。

图 2-32

图 2-31

节奏

一直以来，展示方案中的一致性和节奏感都能极大地吸引消费者的注意力。节奏可用来讲述一个故事或引导消费者产生联想。节奏可用来模仿某个环境或在其他空间中重复使用，它也可以作为一个导航工具。节奏可以通过颜色、形状、形式或图案表现出来。

色彩

运用色彩创造出的视觉冲击或效果是能让消费者最先注意到的设计元素。色彩可用来传达季节的变化，折扣或促销时期（如圣诞节）的信息，以及凸显视觉营销区域中的关键元素，而且这是一个成本低且效果好的方法。

运用色彩需要不断练习并注意使用技巧。色彩能够引起情绪反应并渗透着文化内涵，因此对动态学有基本的了解是尤其重要的。视觉营销的最终目的是销售产品，因此色彩的运用不是最主要的，除非是为了增强或支持某种概念。当使用的颜色与整体展示同步时，主要的视觉营销元素才能得到最好的体现，使用对比色可以使展示效果更佳。

图
2-33

图2-33　Quartier 206店铺在陈列展示中的色彩运用（柏林）。

图2-34、图2-35　香奈儿（Chanel）和波道夫·古德曼（Bergdorf Goodman）在店铺陈列中使用的单一色彩主题（纽约）。

色彩空间与术语

色相

色相是颜色的名称，如红色、蓝色或绿色。

明度

色相的深浅明暗就是明度。比如，增加黑色就形成比这个颜色更深的颜色，也就是大家所理解的暗度。添加白色或者黑色，不会改变色相，只改变明度。

纯度

色彩的饱和度或纯净度被视作其纯度。它指的是色彩的鲜艳程度或昏暗程度。所有颜色在其色彩最单一的时候纯度最高。

色彩调和

遵循色环的特定规则就能打造出一个和谐的视觉营销色彩搭配。

色差

高色彩密度，如红色、蓝色和黄色。

无彩色

没有色彩，如白色、灰色和黑色。

单色

单色主题只使用不同深浅的一种色调。它可以由黑色或白色这样的中性色组成，或者运用图案和材料质地来凸显。

图 2-34 图 2-35

相似色

视觉营销方案运用相似色时常在色环上选用相邻的颜色。

互补色

互补色是指在色环上相对的两种颜色，比如红色和绿色，蓝色和橘红色以及紫色和黄色。

补色分割

运用一种颜色与其相邻近的两种互补颜色组合，能产生一种有趣的效果。

双色组合

双色组合是指两组颜色或者四种基础颜色的组合。这种组合必须谨慎使用，因为它很容易使人困惑。可行的组合有黄色和绿色，黄色和橘色，蓝色和紫罗兰色，红色和紫罗兰色。

三色组合

三色组合是使用在色环上等距离的三种主要颜色的组合，如黄色、蓝色和红色。

暖色与冷色

色彩是有温度的，我们可把它与感觉或体验联系起来。举例来说，如果紫色中蓝色占主色调，我们可能就感觉这种紫色非常冷。而红色、橘色和黄色则让人觉得温暖。想象一下，在一个销售冬季大衣的视觉营销方案中，如果用色为冷色调，如蓝色或者绿色，将会营造出一种寒冷的氛围。冷色调的运用通常能让人平静且放松身心，从而达到更高的能量级。从心理学来讲，暖色调会使人觉得饿，所以常被应用在餐馆中。

前进色与后退色

有些颜色看起来凸出，而有些颜色看起来凹陷。当隔一段距离看某些颜色时，暖色调红色和橘色（前进色）看起来似乎比它们对应的冷色调绿色和蓝色（后退色）离眼睛更近，偏近白色的纯度低的颜色能使场所看起来更宽敞。此外，要想有更舒适的感觉， 那么亮橘色是不错之选。

图2–36　色环：色环是色彩理论的基础。

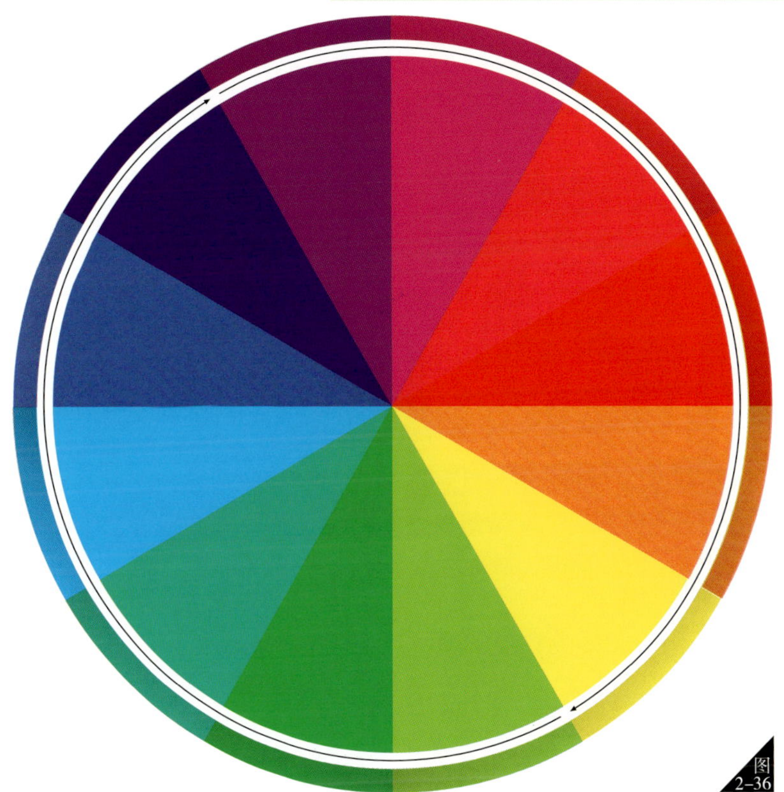

图 2-36

渐变色

颜色的渐变可通过添加黑色而产生。

浅色

在某种色彩中添加白色，可使原来的颜色变浅。考虑到色彩理论的诸多原则是非常重要的，所以为了使浅色和深色在色环上各占一半，应等量添加白色和黑色。

混合色

多种颜色的混合可以用来创造有趣和模糊的色彩组合。

主色

主色是指大比例地使用某一种颜色。主色用来增强戏剧效果并表达视觉主张，以此来强调当季的主流趋势。

加亮区或高光

加亮区或高光可用来打破某一种或两种颜色组合的单调感。这项技术运用在黑色、白色或灰色（无色彩方案）设计时非常成功，在方案中注入了活力和娱乐并且能凸显店内的某个区域。

图 2-37

图 2-38

中性色

中性色可以混合使用或者与色谱中其他颜色放在一起使用。中性色通常被核心时尚品牌选择使用，因为这些颜色非常好搭配，如藏青色、黑色、白色、米黄色和棕色。

亮色

亮色是明度最高的基本色，非常吸引眼球。

淡色

在某种颜色中加入白色来减少其明度，让它看起来更加柔和。

中间色调

中间色调是指明度介于亮色和淡色之间的色彩。

宝石色调

宝石色调是指豪华珍贵的色调如红宝石色、绿宝石色和紫水晶色。

柔和色调

柔和色调是指在颜色中加入灰色。

大地色调

大地色调是指一系列自然颜色，如铁锈色和沙子的颜色等，这些颜色丰富多样且有种暖秋的感觉。

图 2-39

图2-37　波道夫·古德曼（Bergdorf Goodman）店铺陈列运用不同色彩和光线创造出不同的空间感（纽约）。

图2-38　波道夫·古德曼店铺陈列（纽约）。

图2-39　哈维·尼克斯（Harvey Nichols）店铺陈列中色彩明度的运用（伦敦）。

关联与情绪效应

科学研究表明色彩对情绪有直接影响。因此，使用色彩不仅要能吸引消费者，也要创造出愉悦的体验。人们对品牌或产品的颜色会有即时反应，比如蒂芙尼（Tiffany）设计中使用的珠宝蓝色；哈罗兹（Harrods）的墨绿和金色；李维斯（Levi's）丹宁的红色标签等。在当今竞争激烈的零售环境下，正确选择色彩对于品牌的成功至关重要，并且在产品、公司或品牌中不可或缺。当在某空间运用色彩时，需要注意色彩的空间维度以及消费者的情绪反应。

紫色

紫色一直都是一种代表神圣的颜色，它高贵、珍稀而特别，它让人感到平静，提升情绪并强化灵性。紫色兼有冷暖两种性质，可以在环境区域内创造出让人放松和平静的效果。

蓝色

浅蓝色让人感到安宁和冷静。蓝色代表安全和忠诚，是世界上最流行的颜色之一。由于蓝色与大海、天空和宇宙的颜色相关，蓝色与水的组合则意味着干净和阳刚。然而“蓝”这个单词也代表忧郁的心情。

绿色

绿色有舒缓的效果，非常适合应用在学习或需要放松的环境中，并且与环保相关联。

黑色

黑色是西方悼念的标志颜色，它代表庄严和权威。通常与邪恶、悲剧和疾病（瘟疫）相关联。

红色

红色具有很高的亮度和能量。将红色应用于健身房和餐厅中有很好的效果，因为它能刺激人的饥饿感。红色代表愤怒和激情。它在零售业中常与季节性促销联系在一起。

黄色

许多产品广告以黄色为底，因为它在整个色谱中非常显眼。黄色能提升情绪，它代表着自信，并能增强思维的清晰度。

白色

在西方，白色代表投降、纯洁和新奇。

色彩的文化联系

视觉营销设计师需要对色彩的关联保持高度敏感，比如政治党派的标志色、文化标志色和个人直觉色彩含义。在不同的国家如果误解了色彩的含义则会对国际市场的零售贸易造成重大的损失。比如，在某些亚洲国家紫色代表死亡，在中国红色代表繁荣。

照明

商业街上常使用彩色照明，用来帮助传达品牌信息或者推销某种产品，促进某个活动等。这项技术通过在荧光管周围安装滤色镜或高光器具，从而制造出多种色彩。值得注意的是，滤色器不会扭曲产品本身的颜色，而是被用来改善购物环境和消费体验的。这项技术应用在橱窗展示艺术中尤为有效。

外部照明

外部照明应用在外部商业环境中从而制造一种夸张感，用灯箱、电视墙或橱窗照明等来吸引远处观望的顾客。它可以作为装饰，也可以用来凸显特定的商品。

内部照明

内部照明应该兼具实用性和装饰性。它可以用来制造戏剧效果或突出特定区域。

局部照明用来为普通照明提供平衡。强调全局照明的零售商通常不使用局部照明。局部照明的类型有聚光灯、卤素灯、高强度放电灯。产品和光源之间的距离要考虑好，距离越远，效果越弱。

图2-40　某店铺橱窗展示的灯光效果（纽约）。

图 2-40

采访：帕特里克·明克利（Patrick Minkley），　Anthropogie品牌

帕特里克·明克利（Patrick Minkley），来自于洛杉矶，是Anthropologie品牌的区域视觉设计经理。他和他的团队共同参与设计各种类型的视觉展示。

Q **你是如何进入这个行业的？**

A 大学毕业后的那个秋天，我辞掉了令我讨厌的平面设计工作后就处于无业状态，后来加入了一个临时工作小组，为一个门店设计圣诞节展示，我当时认为这份工作应该至少会有一点创造性。在我了解这个行业前，我都是努力工作的，一年后，我成了店铺的视觉营销经理，并自此以后按照自己的方式进行工作。

Q **对于从事视觉营销的工作，你喜欢哪些方面？**

A 零售业一直在不断地改变和发展。从事视觉营销工作为保持品牌真实度提供了挑战的机会。我喜欢从各种设计、产品和文化中吸取新鲜事物，然后把它转化为适合我们品牌的设计。我的工作使我保持着敏锐的观察力，同时它也是我的个人兴趣，这可以说是一个双赢。

Q **如何开始一个新方案开发？**

A 我们本部有一个非常棒的团队，大家齐心协力创造每季的视觉营销方案。团队成员不仅要与产品设计师和商家密切联系，而且还要从设计领域和店铺层面中汲取灵感。这项工作在各个层次都需要团队高度密切的配合。

Q **你如何决定要生产什么商品？**

A Anthropogie品牌的优势之一就是所有店内的展示都是由视觉小组亲手制作。大部分的零售商都做不到这一点，因此我们也就变得与众不同。这个方法尊重每位员工的个人创造力。店铺的每个环境和展示都是特别设计的。

Q **哪些地方能激发你的灵感？**

A 就我个人而言，很多方式都能够激发我的灵感。除了众所周知的参观艺术画廊，浏览杂志中的图像和博客，还有观察我们周围的生活。如果你花足够长的时间观察或者多注意细节，灵感随时会迸发出来。旅行、探索、置身于新的环境或状态下都有助于激发灵感的产生。

Q **最新的流行趋势有哪些？**

A 我不喜欢使用“趋势”这个词，我认为每个东西在它生命周期中都会有它的极盛。有些最新趋势不过是过去潮流的重现。有些趋势并不一定有很棒的设计或者很重要的意义，而是通过某种方式达到了流行的美学标准。我认为无论对于设计师还是零售商而言，都应该平衡好自我感觉和外界流行趋势。

Q **如何进行视觉营销方案的设计与制作？**

A 在不同的店铺设计中，视觉小组会设计和制作出各种各样的视觉营销方案。他们设计平面图，通过产品创造营销故事，之后设计并创建展示方案来支持和增强这一效果。所有的原材料都是根据方案中的特殊需要和预算来单独挑选的。

Q **你对于自己的成功持什么样的看法？**

A 我认为成功源于耐心、勤奋，并乐于从各种渠道中学习。在任何情况下都有新东西值得去体验。要记住，过去的成功和机会也是未来做出更好选择或采取新方法的关键。最后我认为，当你的个人生活兴趣与你的工作相接近时，一切就顺其自然了，创意和想法也会源源不断地产生。

Q **可持续性是你开发过程的一个重要部分吗？**

A 我们总是在努力使用创新性材料以及再生或可回收的材料来创造展示方案。我们经常用之前展示中所用过的材料进行再创造或再演绎，或者思考如何把一种“不需要”的材料变成其他美妙的东西，从而降低成本。不能再使用的东西我们会捐给某些机构、学校或进行慈善拍卖。通过以陈列展示的方式与消费者产生互动是我们持续关注的焦点。

Desigual
Desigual
Desigual
Desigual
BRENDAN'S
BAR GRILL
Believe
Blouse
$24.95
MORE GIFT IDEAS AT HM.COM
NOT IN SERVICE
ONE WAY
Subway

图
3–1

3

第三章 空间规划原则

本章我们着重关注消费者在实体零售店的购物过程。零售环境能营造视觉刺激，从而引导并鼓励消费者去消费，那么这种环境究竟有哪些特点和组成元素呢？各个“层级”如橱窗、陈列设备、图像、照明都极其重要，因为它们能够使店铺的空间布局最大化。全世界各大商业街有着不计其数的店铺，因此各种视觉营销原则必须能引起消费者的购买欲望。

在时尚零售业中，一个产品可以是奢侈品，也可以是非生活必需品，但必须是顾客渴望拥有的东西。一旦消费者被吸引入店浏览商品，我们就需要考虑如何为他们指引方向，并在店铺内进行导航，把畅销的产品放在一起，创造一个愉悦的购物环境，使销售机会最大化，这样消费者才愿意再次光顾。

店铺建筑风格和零售格局

对于所有零售商来说，最重要的是告知顾客所有的产品系列和可供选项。在利用视觉营销吸引顾客的同时，也有必要去定义品牌的形象，通过创造一个愉快而难忘的购物经历来增强品牌忠诚度。主要指标有以下几点：

× 店铺的建筑风格。
× 网址。
× 店面布局。
× 橱窗。
× 符号。
× 道具。
× 标牌。
× 促销活动。
× 灯光。
× 声音（背景音）。
× 气味。
× 平面。

在商业街上视觉营销首先从店铺外观开始进行。店面和店铺建筑的影响力对顾客体验的作用经常被低估，然而店铺的外观却是顾客对品牌认知的第一印象。零售店铺的外观风格设计能够反映一个品牌的价值和个性，传达品牌的特性有助于加快潜在顾客的决策过程。虽然有些零售空间是由设计师专门设计的［例如在伦敦邦德街上的路易·威登的店铺是由建筑师彼得·马里诺（Peter Marino）设计的］，但是许多零售店是接手过来的，这就要求零售店铺设计师重新设计并改造以前店铺的外观，需要考虑的因素有空间大小、位置、产品系列和客流情况，这些因素会影响到空间的设计布局和规划。

店铺种类

百货商店、旗舰店、多品牌零售店、独立零售店、精品店和商业街零售店都需要特定的视觉营销策略，以便在有限的零售空间内能反映并加强其品牌风格的展示。

图3-2 一个典型的购物中心场景。
图3-3 阿尔伯特·菲尔蒂（Alberta Ferretti）店铺（伦敦）。
图3-4 伯灵顿拱廊街（Burlington Arcade）（伦敦）。
图3-5 迪奥（Dior）店铺（巴黎）。
图3-6 看步（Camper）店铺（伦敦）。
图3-7 设计师店铺（柏林）。
图3-8 施华洛世奇（Swarovski）店铺（纽约）。
图3-9 优衣库（Uniqlo）店铺（纽约）。

图 3-2 图 3-3

图3-4 图3-5
图3-6 图3-7
图3-8 图3-9

位置

不同的建筑风格可为品牌增添特色并反映出一种历史相关感与真实感。这通常在现代的混合购物场所中可见。

旗舰店

旗舰店是零售商的主要销售场地和最大的商业销售空间。它通常是大城市繁华区中的某个店铺，并有别于同品牌其他连锁店铺。旗舰店通常是零售商把一个新概念推广到其他店铺之前检验和尝试新概念的地方。这些店铺存有最多的商品量，能满足更多顾客的需要，为视觉营销师提供了最好的机会和最多的预算来设计出精彩美妙的视觉营销方案。

旗舰店的特征

× 标志性建筑，显眼的店铺设计。
× 规模更大的店铺。
× 最优的地理位置。
× 独特的产品系列。
× 大量的产品系列。
× 最先投放产品的店铺。
× 最大的客流量。
× 提供超出顾客预期的额外服务。
× 产品预展活动和促销。
× 特殊产品领域的专家。
× 在展示创新中处于领导地位，其零售空间设计充分利用了技术优势。

图3-10 纽约麦迪逊大道的拉尔夫·劳伦女性旗舰店，是根据对街的男性旗舰店复制的。在店中使用了相同的材料以保证跟男性旗舰店的建筑风格保持一致。

图3-11 牛津广场Topshop旗舰店（伦敦）。
图3-12 Topman General店铺（伦敦）。
图3-13 路易·威登旗舰店（纽约）。
图3-14 路易·威登旗舰店（伦敦）。

图3-10

图3-11 图3-12

一个品牌店可以根据地理位置、环境、顾客和气候条件采用不同的店铺建筑风格。比如说，Topman在伦敦中心牛津广场有一家旗舰店，还在伦敦东部市区的位置开了一家不同风格的店铺。Topman General店是针对本土流行时尚与艺术风格进行设计的，所以可能会被误解为一个古董店铺或者二手商店。这家概念店采用低调的手工橱窗设计，把它与Topman的其他普通店铺区分开来。店铺的内部装饰有裸露的砖墙、回收的古董家具、拼贴图和手工标牌，店内看不到任何批量生产的物品。这家店铺给自己的品牌重新定位在一个更个性的时尚高端市场中。

在伦敦路易·威登这个标志性的旗舰店中，它的金色品牌徽标悬浮在橱窗上，同时也镶嵌在地板中。店铺用类似于人造大理石、双色玻璃、嵌入金色叶子的木材、金色的钛金属架、赭色地毯等材料将奢侈品零售界和独特的购物体验连接在一起。这个伦敦商业中心不仅有路易·威登这样的店铺，也有豪华书店和英国艺术家的作品店等。在商业中心顶层有一个只对VIP客户开放的购物专区。这里的LED楼梯经过三个奢侈品楼层，其中显示着不同颜色的灯光和流动的数字图像。

图3-13 图3-14

空间规划设计

有效的空间管理对店铺的成功来说是很重要的。基础空间规划原则被用于监控销售、空间性能和分析中，从而评估这部分空间是否在创造利润。有效的店铺布局有以下好处：

× 最大化地增加销售额和利润。
× 促销特定的产品。
× 控制客流量。
× 有效利用空间。

作为视觉营销师，常见的难题在于既要考虑陈列美观又要考虑它们能带来的销量价值。处理好空间规划有利于展现视觉营销的商业价值。

从一个空的店铺开始

店铺布局设计是一个令人兴奋的项目，由商家、买家和商务团队合作共建品牌标识。一旦完成了建筑平面图，就需要审核与评价下列的视觉细节：

× 自然光光源——人们都喜欢待在有自然光的空间中，所以尝试保留一些自然光是很重要的。
× 入口和出口——用来确定主要客流量，并在店内设立高客流区域。
× 奇特建筑——利用凹进的墙面、横梁等结构元素来设计空间或者重新定义空间。
× 直梯和滚梯——这些通道能作为入口和出口，且能增加周边区域的价值。
× 橱窗——橱窗的位置决定了产品布置和方案的关联及重要性。
× 视线——顾客环顾店铺的视野范围。这是用来优先选择零售环境中关键区域的有效方法。
× 焦点——如图像、产品展示、小道具等形式的焦点常置于视线的尽头处。
× 暂停点——通常是一个陈列装饰或者产品展示，它们能吸引顾客驻足浏览或者购买，这是一种间隔长距离走道或者大型空间区域的基本方法。

利用区域来判断一个空间的价值有助于更有效地进行店铺空间规划。

图3-15 视线。
图3-16 焦点。
图3-17 空间规划。
图3-18 在空间规划中增加一个收银台，注意销售空间价值的改变。

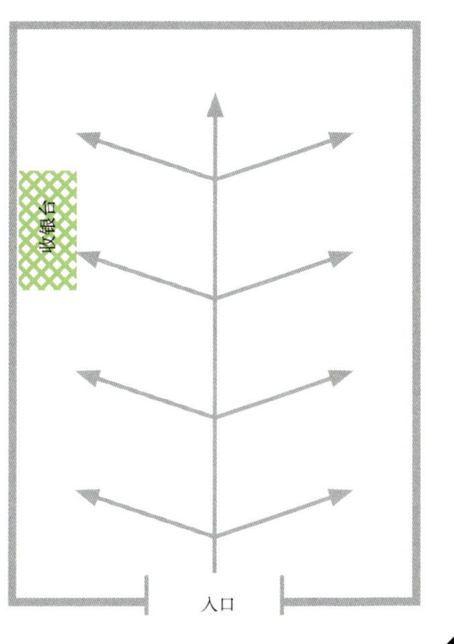

图3-15

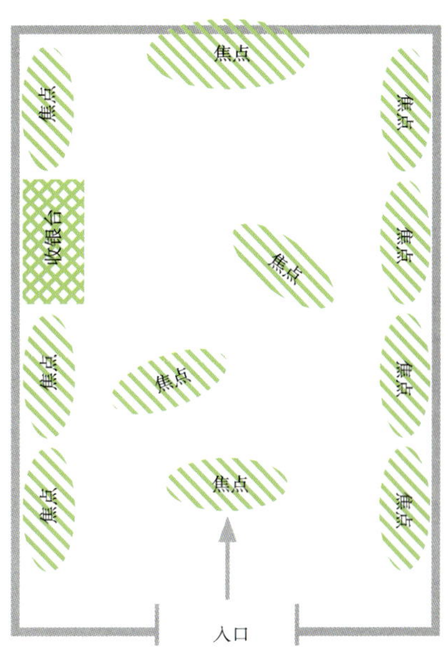

图3-16

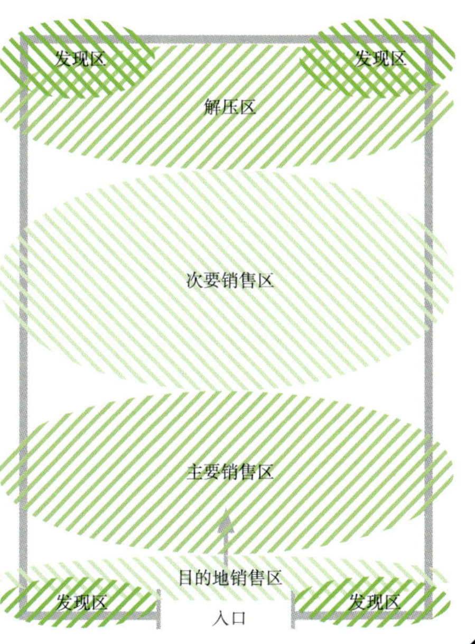

图3-17

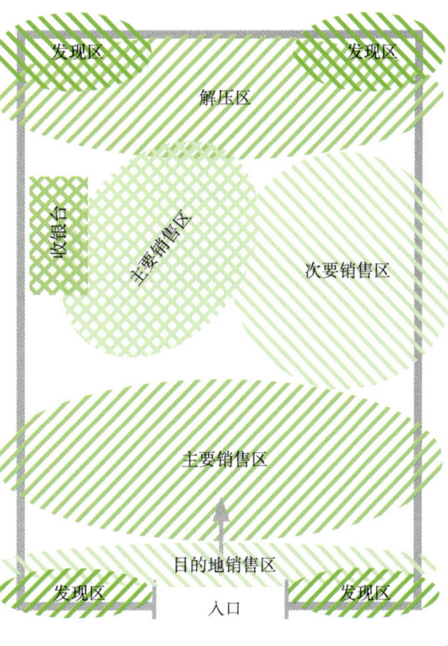

图3-18

解压区

进入一个店铺最开始那几米的区域通常被认为是解压区，它是用来为顾客解压或适应新空间的入口区。解压区不是一个有价值的销售空间，因为当顾客进入店铺后，他们经常会向前方看，这样视线会直接越过离入口很近的那些商品或展示品。

主要销售区

这个区域通常在入口区范围之外。这是主要销售空间，集中了最多的客流量（经过的顾客人数）。主要销售区也能位于扶梯和楼梯顶、收银台前面等区域，这些地方会给冲动消费创造机会。服装店通常把比较畅销的时尚产品放在这个区域，这里的产品周转往往也更快一些。

次要销售区

这是一个非常好的销售区，时尚零售商会在这里展示他们的核心产品和主打产品。这些产品有着不错的利润，可与当季的高档产品互补。

目的地销售区

这个区域位于店铺的后端，但是能够从店铺前端或中部区域看到。这个区域是店铺空间内有最大可视度的地方，从而引诱顾客来到店铺后端。牛仔、鞋类和配饰通常摆放在这里，因为顾客会穿行到这个区域进行有目的地购买。

发现区

这是位于店铺前后角落的区域，顾客通常不会自行来到这里。在这个区域想要销售大量产品是很困难的，但是这里可以用来推销商品（不用全部销出的产品），如断码产品或者残缺产品。

墙面

店铺的墙面通常是第二个最佳销售空间。墙面能见度很高，视线好且能制造焦点。从地面到天花板或者到灯光高度的整个墙面区域都可用来展示销售产品。围墙能够变成一个有着标牌、图画、图像、颜色、灯光、产品、道具和陈列装置的混合体。

过渡销售区

这个区域需要反映出顾客在一年中不同时间的消费倾向。它根据季节性和过渡性的产品进行灵活布置，常位于店铺中商业回报率最好的主要销售区域。库存的变化主要根据核心产品的数量和产品的生命周期来决定。

特殊的销售策略

冲动消费

冲动购买是指顾客在进入店铺之前没有计划购买的产品。因为这个原因，化妆品就通常被定位于百货商场的最前面。零售商最大化地利用了这个策略，例如把饰品类的小商品放置于收银台附近，引诱排队的顾客把这些东西放入自己的购物篮中。

图3-19　过渡销售区和目的地销售区设置。
图3-20　冲动消费区的布局。

场外销售

场外销售是被用来促销某种特定产品的。一些店铺把关键产品摆放到通道或者店铺的前面，目的是迎合顾客的心态或者促销季节性产品。

购买的最后机会

这类商品常放置在临时陈列装置上。对于视觉陈列师和零售商来说，它的优点在于能够使店铺的其他区域保持独立、整洁，不会有尾货掺杂在新款产品中。对于消费者来说，这使得他们能够看到之前在店里很难发现的产品，也创造了一种紧迫感，在“最后机会”买下这些产品。这个区域应该设置在收银台附近或者店铺的后端。

消费者心态营销

针对当地市场做出适应消费者心理的营销策略已变得越来越重要。即使一个跨国零售商的陈列布局是从本部直接复制的，在不能损害品牌形象的同时，也必须做一些改变，考虑本地的消费者购买习惯。一个简单的例子就是在雨天的时候将雨伞放置到店铺前面。这是视觉营销中的一个简单传统的方法，即利用顾客的心态营销。

图3-19

图3-20

空间布局规划

无论是在宏观层面还是在微观层面，空间管理对于顾客的购物体验和店铺的商业绩效来说都具有重大影响。正确的空间布局能够清晰地传达品牌定位，反映目标市场的要求，以及为顾客提供最佳选择，这是所有零售商的主要目标。为了在最短的时间里使顾客购买行为最大化，并让他们经过最多的陈列装置，零售商开发了几种基本的平面规划布局。正确的店铺布局能够设定品牌的整体视觉外观，但是商业空间的美感和顾客的舒适度也是同等重要的。室内空间布局有以下几种方式。

简单网格布局

这种布局通常在超市或者批量存放商品的店铺中使用，它的主要特征是将装置和展示品按行或网格状进行布局。其中的产品非常容易找到，计划和维护这个布局也很容易。主要通道就是横跨和纵跨店铺的通道。

回环布局

有大型交易空间的百货商店常使用环形通道，这种通道和跑道类似，顾客在穿行商店时能浏览更多种类的商品。回环布局可为消费者浏览百货商店时，根据需要可以决定从哪里进入目标区域。通道也可以用图片和视平线来引导消费者。瑞典家居连锁店宜家在它的“黄砖路”上设有多种环形道。随着这种布局被广泛采用，对于那些不喜欢在店铺浏览的目的性购买者而言是个噩梦，但幸运的是，在店铺路线中会有分道点或设有捷径标识。

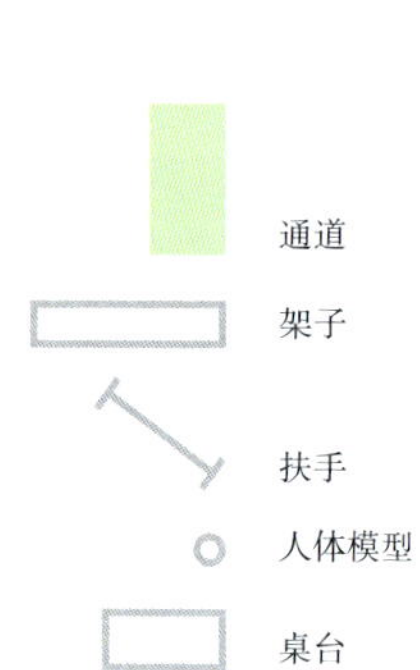

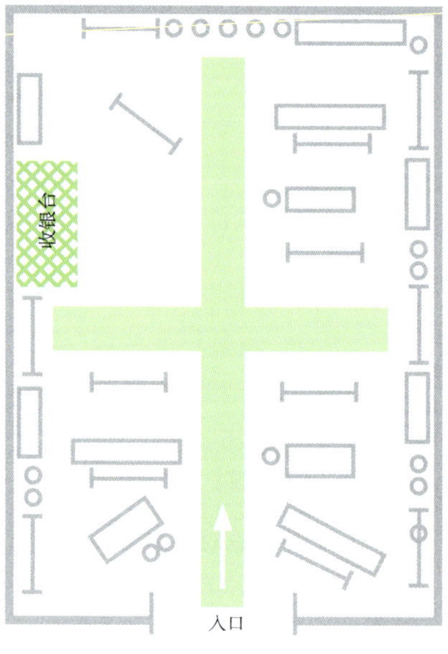

图3-21　简单网格布局。
图3-22　时尚回环布局。
图3-23　灵活的分类布局。
图3-24　展会布局。

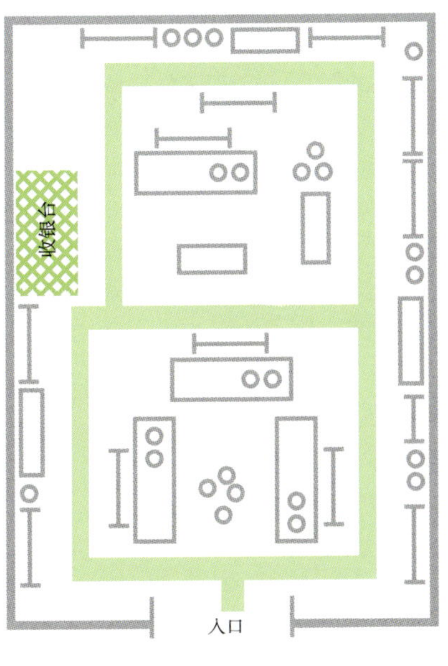

图 3-22

灵活的分类布局

许多时尚零售商青睐这种布局是因为它更具灵活性和开放性，也很容易增加或减少商品系列。这个非正式的布局可以使购物者在不同区域间自由地观看和穿行，这也使他们能浏览到更多的商品。这种布局中的装置、人体模型、标牌和小道具都能随时改变，陈列装置也能自由放置。

图 3-23

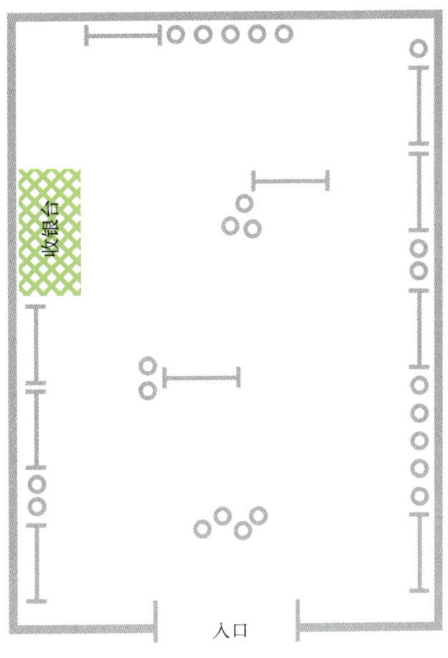

图 3-24

展会布局

展会或者画廊的布局通常为奢侈服装品牌零售商所使用。店铺的边界处主要用来摆放商品，中间区域则保持空旷，以便消费者四处走动。这是空旷区域布局的一种很受欢迎的形式，像展会一样，把商品像艺术品那样布置。这种布局的目的是给消费者提供思考、放松、社交、休息的空间；这种布局使可视区域最大化，因为商品前没有任何遮挡物；这种布局的店铺只展示非常重要的设计，也许仅仅只展示几个尺码的商品，但是旁边会有私人定制服务。路易·威登、斯特拉·麦卡特尼（Stella McCartney）和麦克奎恩（McQueen）是少数几个使用展会形式布局的品牌。

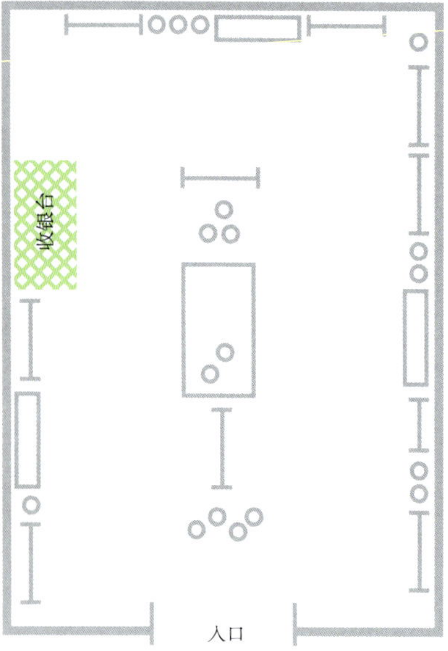

图 3-25

岛式布局

面积不够大的精品店或者独立服装店倾向于在店铺中心创建中岛，这些中岛可成为商品促销的焦点。利用一个与视线平行或者稍低一点的装置如桌子，可以让消费者从各个方向都能购买到商品，这些中岛常置于店铺前端、后端和两边。岛式布局同样促使消费者在店内呈“8字”环形前进。

混搭布局

在某一片区域空间内，将前面所讲到的“布局”混合起来使用，这种混搭布局可以用于区别不同类型的商品，或在更大的店铺中改变消费者的购物步速。

租借地布局

大型零售店和百货商店中常有其他品牌租借的空间场地。每一个空间都被视为一个独立的小店铺，拥有自己独一无二的焦点、视线、图片、支撑物以及营销布局。一些热卖商品和流行商品通常被放置于面向人流的地方或者主要销售区域来吸引消费者进入。

促销商品的布局

除了某些奢侈品牌，一般品牌商品进行商品促销是零售的必要环节。除正常销售时段之外，快销售完的商品通常被摆放在店铺后方。品牌商可能会在奥特莱斯进行过季商品的集中促销或者清仓处理。

产品销售区和非销售区的平衡

奢侈品牌倾向于在店内展示少量商品，而廉价零售商倾向于以“堆高商品，低价销售”的态度来经营。分配给商品和非商品区域的空间大小取决于时尚品牌的价值、市场层次、消费者个人需求、店内能提供的服务类型以及所提供的商品类型。非商品区域是其他服务区，比如休息区、放置婴儿推车和轮椅的区域以及娱乐区等。

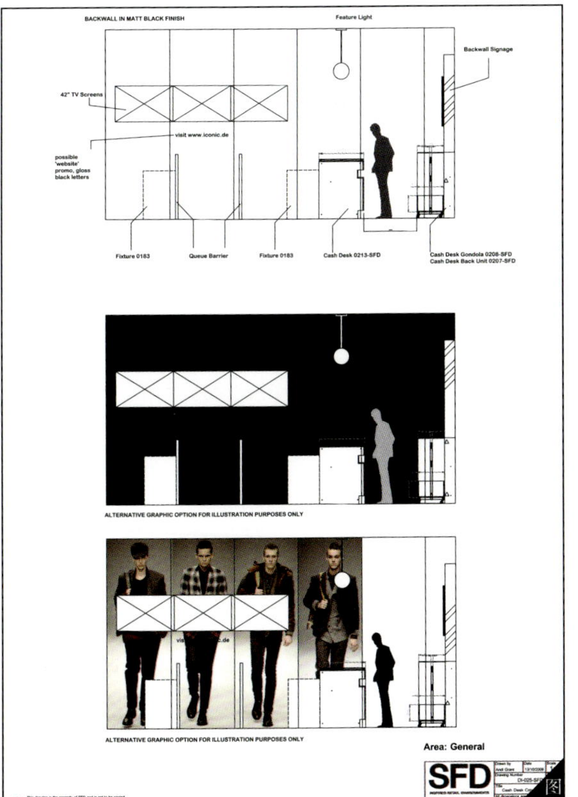

图3-25　岛式布局。
图3-26　收银台规格草图。

顾客引导

由陈列装置和地面设计组成的店内主干通道，可以为顾客指引道路。方向是由装置布局、店内标牌、图像、道具和空间分区来设定的。视线、焦点和暂停点细致地布置在消费者行走路线两边，以凸显重点商品。类型或风格相近商品的布局应该格外注意，以防破坏店铺的整体布局，同时这确保了消费者能在店内畅通地行走。

循环区域

循环区域是由陈列装置，店内视觉营销布置和指定道路所决定的。循环区域的设计是为了加快大量人群的行进速度，避免低速单列前进。稍宽大的通道主要被运用在大型商店中，较小的商店或许只有一两条步行道或者根本没有通道，而是在各种装置之间设立更多的循环道路，使消费者可以在店铺内随意行走。

图3-27

图3-27　销售策略：循环区域。
图3-28　标有陈列装置的平面图。

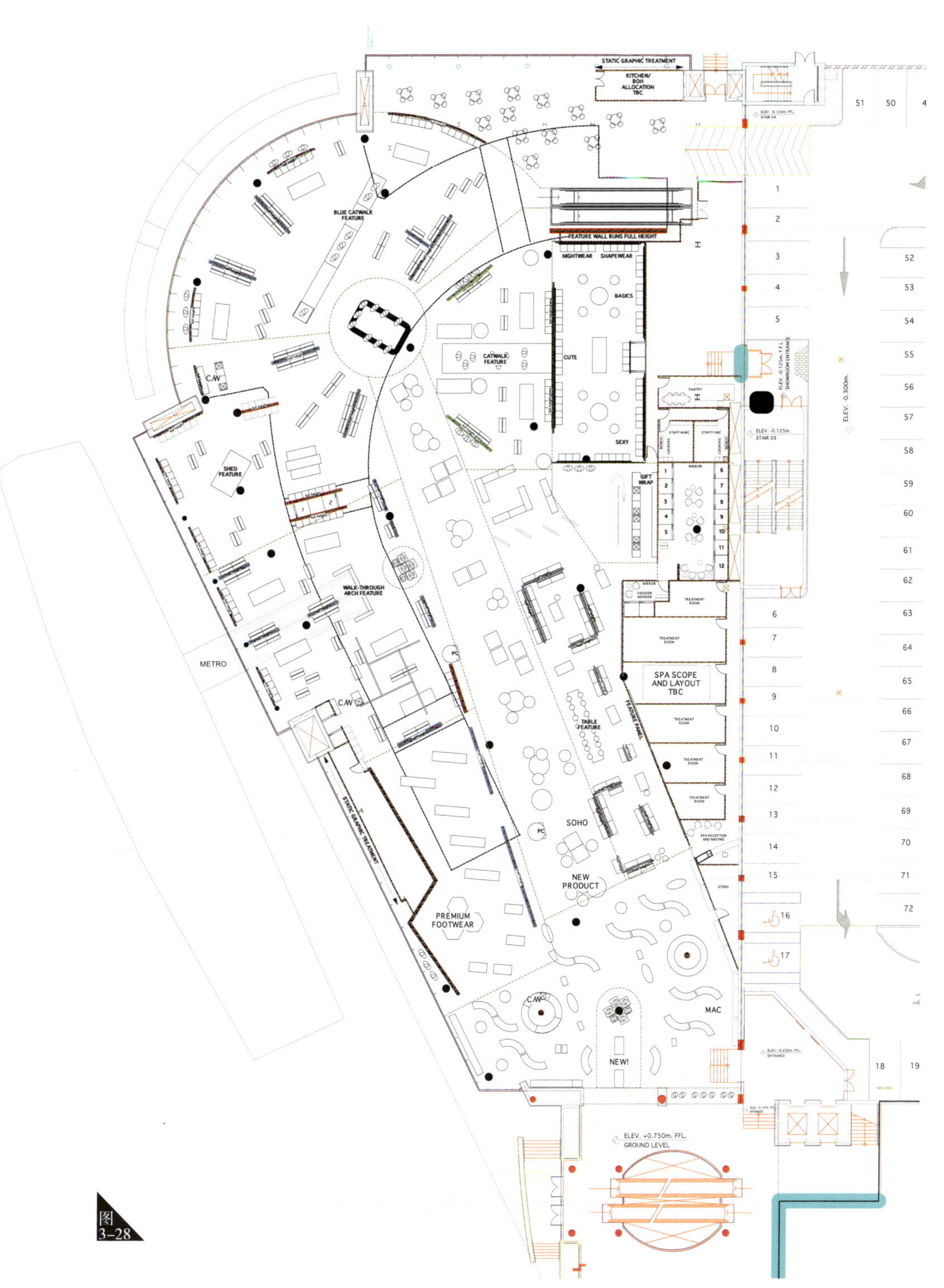
STATIC GRAPHIC TREATMENT
KITCHEN/ BOH ALLOCATION TBC
BLUE CATWALK FEATURE
FEATURE WALL RUNS FULL HEIGHT
NIGHTWEAR
SHAPEWEAR
BASICS
CATWALK FEATURE
CUTE
SEXY
SHED FEATURE
GIFT WRAP
WALK-THROUGH ARCH FEATURE
METRO
SPA SCOPE AND LAYOUT TBC
TABLE FEATURE
FEATURE PANEL
STATIC GRAPHIC TREATMENT
SOHO
NEW PRODUCT
PREMIUM FOOTWEAR
MAC
NEW!
ELEV. -0.300m.
ELEV. +0.750m. FFL. GROUND LEVEL

图 3-28

图3-29　划分区域的平面图。

通道

设计通道的目的是为了指引消费者按特定的方向前进，通道可以通过在销售区域使用不同类型的地板材料来体现。这是吸引“购物目的不明确”和“紧张”的顾客的有效方式，他们把通道当成店铺或空间中的物理分隔。开放式的店铺通常采用统一的地板材料，而不依靠店内视觉营销布局、指示和固定陈列装置来制造通道和流向。

收银台和试衣间

比较现实的做法就是把收银台和试衣间设置在盈利较小的区域，这也就是为什么它们常常在店铺的后方。收银台周围的区域也是冲动消费的绝佳区域。

货架图

货架图是放置在零售区的图表或者图像，用来多方宣传或合计潜在销售量。购买者、经营者、视觉营销师和销售人员使用货架图了解或收集商品数据，例如商品类型和数量、商品名、供应商、品牌、成本等，也用来支持店铺商品布局。它对稍大的拥有多个品牌的零售店的视觉营销师来说尤其重要，因为货架图标明了所要求的陈列装置的类型，以及商品应该如何摆放以在多种品牌之间保持自己的品牌价值。零售商通常会根据销售目标来决定放置的商品数量。为了简化购买和补货，商品通常都要放置有序，尤其是在快时尚品牌的销售环境中。

服装租借区

服装租借区实际上是店内的一个迷你小店。奢侈品牌一般都会有自己的独立店铺，而小品牌只能是店中店，抑或是采用通用的商品陈列架。这些迷你店可以提供一些个性化的服务，使它成为整个店铺的独特风景。这些租借空间通常都是与其他区域隔开的，使用不同层次的照明、地板材料以及品牌外观装饰。

时尚服务

现在许多服装零售商提供店内额外服务来提升消费者体验，并最终让消费者尽可能长时间的停留，以产生更多消费。时尚服务范围包括美发、美甲、咖啡厅、改衣、活动、礼品包装、鞋子维修、身体穿孔及文身等。这些额外的时尚服务促进了社交和互动，有助于建立品牌形象，且增加消费者冲动购物的可能性。

销售之旅

“销售之旅”指的是店内或店外商品和服务的广告。一直以来，图像在商业环境中都是一种宣传形式，而如今，我们仍然能够在传统标牌中发现图像和当代零售业的直接联系。在广告宣传中灯箱很早就被使用，例如理发店外红白相间的旋转彩柱。

在当代零售环境下，销售“元素”或者“指示”被用来作为店铺的特殊标志，以吸引顾客进店。在19世纪初，图像和“指示”一般被置于店铺的门窗处。随着20世纪初平板玻璃的出现及之后霓虹灯的发明，店铺标识通常就交给销售商了，并印刷在店内的金属板上或建筑物本身之上。任何一个广告活动的成功都会以销售额来衡量，并且常常与杂志、报纸、电视或电影院上所做的国内、国际活动相关。如今的广告都包含日常随处可见的品牌形象和促销信息，意图在文化和高科技驱动的社会中，快速吸引消费者的注意力。

图3–30　宾·舍曼（Ben Sherman）店铺中的指示标牌（伦敦）。

KNOW YOUR COLLAR
THE SHIRT BAR
SHIRT OF THE WEEK
SHIRTS FORMED THE FOUNDATIONS
OF OUR PROUD BEGINNINGS.
TODAY BEN SHERMAN EMBODIES
OUR CONTINUED AFFINITY
WITH THIS TIMELESS STAPLE.
BEN SHERMAN

图 3-30

标牌类型

消费者购物终端所使用的标牌材料变化多样，但通常都是用一个孤立的标识来引导消费者走向销售区或者建筑的某一部分。通常可以从以下几个途径做广告宣传：

- × 交通工具：卡车、货车、轿车、公交车、飞机、出租车、公司用车。
- × 墙面。
- × 平面印刷品。
- × 视讯墙。
- × 装饰小景。
- × 促销贴膜。
- × 玻璃柜台。
- × 图腾柱。
- × 横幅。
- × 灯箱。
- × 招牌指示。
- × 人行道指示。
- × 黑板。
- × 可变动的广告牌。

图3-31

除此之外，还可以使用以下形式进行广告宣传：

- × 促销展板（通常是在某个特别活动期间使用，由纸板或者塑料制成）。
- × 稳定的展出（例如在飞机场的展示）。
- × 包装。
- × 零售店橱窗。
- × 海报或布告板。
- × 引导标牌（店内方向指引和招牌）。
- × 零售环境。
- × 广告牌（在装修期间入口周围修建的安全板）。

图3-31 霍利斯特（Hollister）店铺外的引导指示（纽约）。
图3-32 德诗高店铺外墙（纽约）。

图3-32

方向标牌

在商业区域内的任何标牌都需要“实事求是”、简洁明了，并且要足够大以至于在一个巨大而拥挤的购物环境中能够清晰地被看到并识别。有些零售商店会用灯光照亮那些指示牌或者安装闪烁的霓虹灯指示牌。大型商店会设有咨询台，可以从那里获取品牌索引。不管怎样，方向标牌应当符合品牌形象。

识别标牌

识别标牌通常设立在特别的百货店中，以此向消费者表示他们正进入一个特定区域。这种类型的标牌经常随着店铺的搬迁或者再销售而变换，因此常被用作临时指引。

行动号召标牌

行动号召标牌通常是“销售之旅”的最后一部分，至少是关于劝说消费者花钱的行动号召。这类标牌通常是以“现在买就享有折扣”的形式或者“买一送一”的形式出现。

票券

毫无疑问，折扣券和标示商品成本价都是商家劝说消费者购买的最后机会。完成了精美的橱窗展示和店内设计，并考虑了所有的视线和焦点，陈列设备和装置也都各就其位，这就达成了合格视觉营销攻势。通过视觉营销，消费者可以大体知道商品的保守价位（促销除外），这样消费者就可以在名人推荐、当季促销和同伴的认可后决定是否要购买该产品了。

案例：变色龙视觉（Chameleon Visual）公司

概述

变色龙视觉（Chameleon Visual）是一家位于伦敦的视觉设计公司，致力于通过制作并安装视觉陈列装置为客户营造所需的时尚环境。这家公司的客户有奢侈品牌路易·威登、西奥·芬奈尔（Theo Fennell）、克里斯提·鲁布托（Christian Louboutin）、爱马仕以及著名百货商店哈罗德（Harrods）和塞尔弗里奇（Selfridges）。

Chameleon Visual视觉设计公司也为伦敦重大活动如伦敦时装周设计活动方案。从概念构思到执行完工，这家公司每一步都做得很有创意，它和客户一起经历整个设计过程——从最初的草图阶段到以最高规格交付设计结果。

项目

为了“支持和培养家乡的人才”，伦敦时装周期间，Chameleon Visual受聘于Matches Fashion为其设计展会陈列布置。这个项目需要经多重媒介宣传以强调Matches的多个平台——从实体到线上，从手机端到杂志。这个项目的目标是：

× 在临时建筑中办一场全新精炼后的英国奢侈时尚品牌秀。

× 为伦敦时装周新闻发布做推广，扩大时装周影响，引发公众关注。

× 建一个临时店面，以提高其奢侈品店铺的曝光率。

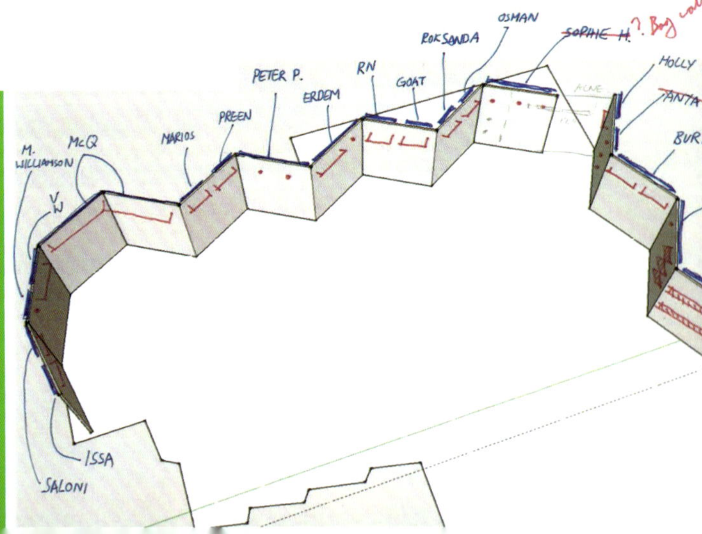

草图及构思

Chameleon Visual团队为Matches的店铺（伦敦）所设计的平面图和构思设计。

流程

一项新任务的流程经常是从客户的电话或者邮件询问开始，进而发展到后来的面对面会谈。

在会谈中，设计小组要与客户探讨以下内容：

× 项目的潜力。
× 客户对设计公司的要求是什么。
× 客户的花费预算。
× 客户想达到的目标受到哪些条件限制。
× 项目的交付期。
× 提供概要或者从客户那里拿到概要。
× 设计手绘草图。
× 客户所要求的特别元素。
× 与客户一起进行头脑风暴。
× 基于现有产品的主题设计。
× 季节性流行趋势。

初级阶段

Chameleon Visual 团队从最初在Matches店铺中做建筑施工的人那里获得了平面图、截面图和立体图。为了确保所有的测量都准确无误，设计小组须亲自测量所有数据。设计小组确信他们拥有了准确的草图后，才会继续下一步工作。

为了使销售空间最大化，设计小组准备了多个不同的店铺布局方案，在活动中不断强化品牌的形象。他们经常采用较自由的流程布局，因为它具有很大的优势。设计小组为现有区域设计开发了一系列的可实施方案后，这些方案就会被正式呈现给Matches的高层管理团队。

设计和安装

被客户确定的方案为一个特大号的火柴盒设计，火柴盒里面为展开式设计，边缘放置一系列内部相连的直角板。在安装之前，已做好的面板应放置在白色光滑的两用墙面上。安装好这个白色光滑两用墙面后，设计团队会在上面钉上24K的镀金铁杆来悬挂商品。

鉴于Matches店铺销售的全部是奢侈品，所以即将安装的元素中每一个微小细节都必须格外注意。在白板的每一面都加上了各个服装品牌店的名称，以便指引消费者走到相关区域。设计小组还设计并做出“白色火柴盒”用来展示珠宝。设计师的品牌名称在这些“火柴盒”、墙面装置和展示厅上都会被标明。

“火柴盒”创意的电脑效果图
标牌、灯光和展示柜台的细节都包含在这张效果图中。

方案的实施是一个相当漫长的过程。由于大部分建筑结构包括其地板都不是绝对的90°直角，有些面板需要修剪以使其连接得更紧密。这是一个非常正规的程序，也是为什么要请专家来实施计划的理由。现场一旦准备好，电工、木匠、喷绘队、其他有特别技能的视觉营销规划师就会来到现场，准备这个临时店面展示的搭建。

人体模型被放置在小型白色光滑双面展台上，其中用乙烯基印上了独立设计师的名字。

当现场所有装置都安装完毕并达到奢侈品牌所期待的最高规格后，就要开始清扫和抛光了。所有需要注意和“粗加工”的细节都会被标明出来。当所有细节都被处理妥当，设计团队才会将成品交付给客户。

临时店面最终陈列效果
陈列装置以及系列产品都被很好地展示在临时店面中。

图4-1

4

第四章 商品展示

在创造消费者购物过程中尽量给予最大化视觉灵感点时，非常有必要考虑实体零售空间的各个参与因素。设计视觉营销的概念和方案就是这个过程的开始。本章讲述了三维产品展示和安装的复杂性，从而让读者明白如何在销售空间内体现最优的创意想法。

图4-1 布克兄弟（Brooks Brother）陈列展示中的道具和包装（伦敦）。

零售橱窗

最初店铺橱窗是让消费者在进入店铺之前就能浏览到店内所售的商品。而现代零售业中，这种综合销售空间有了更深入的商业内涵。店铺橱窗可以吸引消费者注意力，帮助消费者与品牌之间建立关联和联系。

橱窗就像书的封面：它的设计、风格、内容和讲述的东西都应该能吸引消费者入店。在设计店铺橱窗时，视觉营销师需要考虑到橱窗所需传达的信息以及如何才能吸引消费者或者路人。大多数的零售商都意识到橱窗可以作为视觉营销的一部分。设定店内橱窗主题也是非常关键的，这有助于创造视觉一致性并传达清晰的品牌信息。

时尚橱窗形式

橱窗风格由店铺类型和品牌本质所决定。通常是沿袭旧貌，但也取决于店铺是新建筑还是老建筑。

入口

入口和橱窗大小往往最先被消费者感知。例如，封闭式橱窗，从消费者的角度来看，入口就像被隐藏了起来。在某些案例中，背景板会被取掉，以在橱窗内放置更大的道具、平面图像或者数字媒体。

空间

橱窗空间的大小在设计和规划方面也是极其重要的。空间或小或大，或深或浅，或高或矮，以及是如何展示的，都会从前后左右各个角度被观察到。其他的要素包括照射灯的放置，橱窗空间如何粉刷、如何维护等。

开放式

开放式橱窗使得消费者能够从店外直接看到店内，也能从店内看到店外。视觉营销师需要考虑的问题是如何更好地处理顾客所看到的产品三维效果。这种形式增加了产品和零售空间之间的关联性。

图 4-2

封闭式

封闭式橱窗是传统零售商常用的典型橱窗，通常含有夸张的幕布、道具和聚焦照明。大型零售商，如百货公司，或许会用这种方式来呈现一个连续的展示或者跨越多个橱窗来设计某个主题。展示同一主题的连续性橱窗可以通过视觉变换来讲述故事。

半封闭式

半封闭式橱窗常应用在较小的店铺中。其中的平面图像通常悬挂起来以区分店内空间和橱窗中的主题及产品，这些主题和产品会定期更换。

角落橱窗

角落橱窗的曝光度更大，因为人们能从两条街或更多街道的角度看到橱窗。通常这样的方案会更加复杂，因为观察点和视线来自多个方向。因此角落橱窗的侧面展示和正面展示一样重要。

图4-3

图4-4

图4-5

图4-2 玛百莉（Mulberry）开放式橱窗。
图4-3 雨果·博斯（Hugo Boss）封闭式橱窗。
图4-4 Todds半封闭式橱窗。
图4-5 Massimo Dutti 角落橱窗。

图4-6

图4-7

拱廊橱窗

拱廊橱窗位于人行道两侧，所以需要走进拱廊才能看到橱窗。这里需要强调一下侧面的装饰。通常这种类型的店铺都很小且狭窄，所以拱廊橱窗常只用来展示店铺商品。

时尚陈列橱柜与吊窗箱

小的展示窗不会超过主要招牌或店铺橱窗的整个面积，它们甚至完全远离零售区域。这种形式的橱窗非常适合展示较小的商品，如珠宝，它有助于将消费者的目光吸引到商品细节上，引起消费者的好奇心。

图4-8

无窗

有些零售商去除了橱窗空间，完全开放了从外入内的入口，这种形式在购物中心或者独立式促销区域很常见。入口区域是空的，可以作为商品的陈列展示场所。

图4-6　邦德（Old Bond）街上的拱廊式橱窗和入口（伦敦）。
图4-7　库特·盖乐（Kurt Geiger）橱窗展示。
图4-8　宾·舍曼（Ben Sherman）展示窗。

图 4-9

临时背景

搭建临时背景的方法有很多种：荧幕、悬挂的图片、嵌板、悬浮物体和窗帘都能被用来改变橱窗的空间动态。

孤立的时尚橱窗

在欧洲和亚洲一些国家你可能在一些商店的前面看到一个孤立的户外橱窗，以此在户外吸引顾客的注意力，促进销售。在这个方案中，明智的做法是不去展示容易被偷窃的昂贵商品，并且要考虑到消费者怎样才能以360°的视角来观看展品。

改变橱窗展示

地板

传统的橱窗地板往往以可卸地板为主，这种地板在每次更换橱窗设计后都需要重新铺设或者重新涂色。地板是橱窗安装中一个不可或缺的部分，它经常跟橱窗区域的其他部分同时被重新移动、重新覆盖或者重新涂色。地板基板会被切割成合适的尺寸以方便在橱窗内进出，但是不要把结合处过多的暴露在外。

橱窗灯光

灯光通常隐藏于高于橱窗高度的地方，除非灯光非常独特或灯光是整个橱窗设计的一部分。在每次橱窗更换的时候，灯光应该被关掉，然后小心地移出来，清洗灯具后才能再重新安装。侧光对于那种很高但是很薄的橱窗来说尤其重要。定点照明对于强调橱窗内的一个特殊焦点很有效。

图4–9 普拉达（Prada）一个与众不同的、“有架构的”橱窗展示。

橱窗组成

在橱窗安装过程中，顾客便能看到橱窗方案，这是很常见的，所以每个视角都应该仔细检查。当一名潜在顾客经过橱窗时，特别是一个小型独立店铺的橱窗，他们会希望看到最新的安装设计，但有可能会走过时才产生感觉，所以重要的是，在他们走到这个橱窗中间时就能吸引他们的注意。大型零售商和百货商店有众多的橱窗，这个优势能够帮它们解决这个问题，但是对于小型零售店铺来说，重要的是要考虑到橱窗中产品面对的方向，并确保产品布置与顾客流动处于同一方向。顾客很少会直面一个零售店铺，除非这家店铺恰好位于交叉路口。

图4-10

图4-10 博柏利（Burberry）、飒拉（Zara）和Topshop的橱窗展示。

移除现存的橱窗方案

橱窗空间对于提高销量来说是非常重要的，所以零售商对如何在各种促销活动中把橱窗安置的时间缩短到最短很感兴趣。零售商会经常用平面图像来掩盖新方案的安装，并且方案安装经常在晚上进行。在移除了之前的方案之后，有些元素会被保留下来，在以后能够循环利用。一旦一个方案被移除，在下一个方案安置之前必须要进行一些检查：

- × 从人体模型上取下的商品和摆放在橱窗里的商品需要送回原来的店铺部门。这些时尚商品特别需要注意，打上安全标志，其他的标签也需要重新系上。
- × 如果有必要，应该把地板移除，再用新材料重新包装或刷漆。
- × 需要对橱窗灯具进行检查、清洁，必要的话需要更换（作为整体检查的一部分这也是非常重要的）。
- × 需要检查电源。
- × 现存的橱窗背影仍需要使用时，要重新涂色。同时前期一些准备工作例如孔洞的填充等要一起进行。
- × 需要雇佣一个专业人员来清洗清理。
- × 需要把丝线、钉子等杂物都清理出去。

安装橱窗设计方案

在新方案实施前有充足的准备时间是非常重要的，详细的计划能够有效防止可能发生的延误。新方案准备期，需要考虑到如下几方面的问题：

- × 计划更换方案的时间是什么时候？
- × 方案是否经过设计？
- × 有没有考虑到特殊的促销计划？
- × 安装设计方案时是否要外聘顾问？
- × 安装过程是否需要特殊种类的商品？
- × 商品现在是不是能够使用，数量是否充足？
- × 如果需要的话，是否有可用的人体模型或其他陈列道具来展示商品？
- × 人体模型或其他陈列道具是否需要更换新的？
- × 是否还需要购买或制作一些小道具？
- × 谁负责在内饰中刷漆，是店内的团队还是外请合作者？
- × 安装过程是否需要找专业人员：木匠、电工以及安装师？
- × 是否需要制作工作安排表来确保团队中的每个人明白所有的细节？
- × 是否需要特约视觉营销师？
- × 是否需要采购一些特殊材料，比如地板、遮盖物或者特殊种类的涂料？

人体模型

在商业环境中利用和处理人体模型对于视觉陈列师来说是一项关键技能。在大型企业中选择人体模型需要穿着的商品通常是由总部的工作人员来决定的。在较小型企业中，则有可能由陈列师自己负责选择人体模型穿着的商品，这些工作必须与促销活动和季节性趋势相一致。

图 4-11

人体模型的种类

人体模型多种多样，当然，历史上根据最新的时尚潮流风格人体模型也改变过很多次。大多数人体模型是由玻璃纤维制成的，它们并不是很坚固，所以全球有很多公司在研究制作人体模型的其他材料。

人体模型通常是仿造一种或者多种男女人体而制成的，但是它们的结构上不一定就是“正确的”。相反，它们被制成一种展现我们梦寐以求的样子，更年轻、更苗条、更高大。从根本上说，使用人体模型的目的就是要卖出产品，所以它们必须将商品完美地展现出来，宣传最新的时尚潮流。

人体模型的风格会根据需求而改变，所以需要经过挑选来选定符合公司特定品牌价值的人体模型。比如说，一个工业性质的品牌选择戴着假发、化着精致妆容的、富有现实主义和魅力的人体模型就会与他们的品牌类型相矛盾，相反他们应该选择一个更普通和复古的人体模型来展示他们的产品并突出他们的优势。

人体模型的种类是非常惊人的，很多供应商都有大量的档案可供选取。人体模型的成品也能够根据卖出去的商品种类进行调整和开发。我们对已知的几种种类进行了分类，具体如下：

图4-12

无代表性人体模型

尽管大多数的人体模型供应商都有所有种类的人体模型可供选择，但是零售商使用的大多数仍然是高加索人种类型的人体模型。人体模型公司生产了反映黑人和亚洲人特点的人体模型，但是这些人体模型通常不会出现在商业街上。

抽象人体模型

想要通过使用人体模型表达一个通用形象的零售商通常会选择脸部以抽象方式呈现的人体模型。在1980年的零售业中抽象的人体模型被大量使用，尽管它们现在逐渐作为艺术品被使用，但是不得不承认抽象的人体模型已经逐渐从时尚潮流中消失。

抽象产品人体模型

那些不被用来展示衣服，而是穿戴一些小饰品的人体模型被称为抽象产品人体模型。它们依然是人体模型，但是被创造性地以一种不寻常且新颖的方式来展示零售商的产品系列。

未来主义人体模型

未来主义人体模型常常有一种“太空时代”感或者金属感。为了达到这个效果，玻璃纤维常被镀上各种颜色来表现“未来主义”。

时尚未来主义人体模型

时尚未来主义人体模型是指那些抓住了当下社会的精髓，根据那些有着当前时代精神的名人而制作成的人体模型。这种人体模型都戴着手工制作的假发，化着精致的妆容，有着人类自然的肤色，且模型和真人有着一样的外观容貌。

图4-11 斯迈森（Smythson）人体模型身体的一些部位。

图4-12 普遍通用的人体模型。

男性人体模型

男性人体模型倾向于人们意识中的传统男性体型。有些人体模型外形肌肉发达，因此不适用于所有产品，尤其是男士正装。有些人体模型看起来像穴居人或者十分女气，所以最好的解决方法就是使用通过简单设计、加工出来的人体模型。

无头或无面部人体模型

人体模型的面部并非总需要具有仿真头部那样明显的五官特征，在使用人体模型期间头部可以被取下，或者用一个更具有普遍性的头部模型给出一个印象即可，而不必制作出仿真的容貌外观。

图 4-14

图 4-13

半身人体模型

根据时装品牌自身的需要，许多零售店经常选用半身人体模型，半身人体模型可以与品牌的类型正好相符。半身人体模型比全身人体模型便宜，并且由于它们配有带关节的肩膀和手腕，所以半身人体模型可以以更多的形式展示产品。

图4-13　Cafrad 的Patina-V人体模型。
图4-14　Rootstein的人体模型作品集。
图4-15　琼·科林斯（Joan Collins）的人体模型延续了Rootstein在20世纪80年代的模特风格。

图 4–15

儿童人体模型

尽管儿童人体模型的种类十分受限，但是儿童人体模型与成人人体模型的设计和制作过程一样。

虚幻人体模型

时装零售商偶尔也不用人体模型。他们会将商品本身呈现得就像穿着在人体上一样，给人一种人形的幻觉或者“隐形人”的感觉。

混合人体模型

混合人体模型是指人体模型的某个部位放错了位置或者故意放在它不应该出现的位置的那些人体模型。尽管这不是最糟糕的视觉营销展示方式，但是会让人体模型看起来非常奇怪。

装饰性人体模型和半身人体模型

和“抽象产品”人体模型一样，装饰性人体模型和半身人体模型常被用来作为道具。人们可以用马赛克或乙烯等材料包装或装饰这种模型，从而烘托整个陈列方案的主题。

系列人体模型

人体模型供应商每年都会提供最新的系列作品（有些一年两次）以供采购。这些系列作品通常都会在供应商的展厅中展示，并且基于颜色、风格、体型和尺寸的流行趋势来表达陈列方案主题。

为陈列方案选择人体模型的十大考虑因素

你的预算是多少？人体模型每个可以高达1000英镑（1500美元）。

× 你的品牌概念是什么？这些人体模型与你的品牌相符合吗？

× 交付期是什么时候？收到人体模型要多久？

× 人体模型将被单独放置还是成组放置？

× 从哪里可以找到关于假发、化妆和肤色的灵感？

× 如何向供应商传达你对人体模型的要求？当人体模型到手后，谁来帮你打扮它们？

× 你的员工对于摆弄人体模型熟练吗？是否需要培训？

× 谁会负责人体模型的维修和必要的升级？

× 你会使用玻璃材质的地板或者将其通电吗？考虑一下地板类型，比如人体模型是放在大理石、木头还是玻璃上？

× 这笔投资将持续多久？消费者很少会注意商品是否经过精心布置，但是如果商品没有精心准备，消费者却能够一眼看出。

挑选时尚商品

促销时选择的时尚商品通常需要各个部门的通力合作，并且需要创意总监提前给出详细的促销信息，信息中包括了与广告同时发生的季节性、公开性或特别促销活动。商品的特性可以在方案设计中凸显出来，与商品搭配的任何一种配饰，比如鞋子、珠宝等也会被选择放入展示中。

产品分类

产品分类传达了品牌价值，反映了零售商的商业策略。以下是常用视觉营销技巧：

以颜色为导向分类

将一类或者同一风格的产品按照颜色分类。零售商如Gap和优衣库（Uniqlo）就采取这种做法，创造出琳琅满目的景象。

图4-16　所示的相邻产品圆盘证实了最理想的产品摆放方式和逻辑顺序。顾客流、入口和出口、价格等级、产品目的、产品最终用途和品牌定位都在消费者购物旅程中起到了主要的作用。可以在任何一家店铺中使用产品圆盘来保持产品展示的一致性。

以产品设计为导向分类

以最初设计的商品系列来展示商品。

以系列商品为导向分类

店铺通过核心商品、日常用品与畅销的、流行的商品混合起来，形成不同的商品组合，打造一个效仿消费者自家衣橱的购物环境，从而鼓励消费者在选择中更多选择混合搭配商品。

以潮流为导向分类

以反映当下流行趋势的形式来展示产品。

以全套搭配为导向分类

从头到脚的一体化展示，向消费者建议该买哪件以及如何搭配。

女性时尚

在选择女性时尚物品时尤其需要注意时下流行趋势。与顾客、零售商、市场部和公关部的良好沟通至关重要；阅读最新时尚杂志、报纸专栏、博客，收看时装节目，且尽可能参加时装周等活动也是十分重要的。同时还应尽可能地了解关于时尚的知识，并且应该包括国际时尚观点。

尽管适当进行蒸汽熨烫十分关键，但是高品质的时尚产品通常不怎么需要打理。需要注意的是，在展示做工精良的衣服时不要在人体模型上放置太多固定钉，它们必须被小心地展示出来。人体模型应该分组放置并且让其面向主要客流方向。使用能够面向多个方向的人体模型会为这项工作稍微降低难度，但是千万不能让产品显得失真。

图4-17 Splash品牌的商品展示（迪拜）。

图 4-17

图4-18

时尚饰品

饰品陈列一定要与整体陈列风格相符合并且起补充作用。要记住，大部分人体模型的手不能移动，在上面挂上手提包或者雨伞之类的物件后会毁了陈列的整体效果。有关节的人体模型活动范围有限，也不一定适合品牌风格。昂贵的珠宝通常是在一个密闭的、安全的空间中展示出来。

质量较好的包袋通常被视作当下流行款或者促销产品的一部分。一定要记住，商品应该面朝外陈列，这样才能够展示出它被提挎或者背在身上的样子。

女士内衣和袜子

女士内衣通常以一种感性的方式展现出来——强调面料或者季节性以及流行性色彩等。内衣专卖店通常会营造一种私密且温和的氛围，把陈列重点放在展示女性内衣质量上。全身或者半身的人体模型用来展示商品光洁度。应避免使用触感不好或有遮盖的人体模型。

袜子和紧身裤通常用腿部模型展示，并且通过重复性展示来表现多样的色彩和设计。当然也可以探索不同的、更刺激的方式来表现该类产品。

头饰

如今帽子不像过去那么被广泛使用了，并且通常只有在特殊活动，如婚礼或比赛时才会佩戴。适用于这种商品的陈列设备种类不多，常用的就是头部模型。墨镜经常重复性排列在高密度陈列架上，而不使用镜子等道具。

鞋子

由于鞋子是小件商品，陈列方式相对固定。为鞋子进行陈列展示非常重要，因为消费者总会仔细检查鞋子的细节，确保每一只鞋都没有污点和缺陷，鞋子的皮面例如小山羊皮需要小心翼翼地擦拭。

女性的鞋子比男性的鞋子种类更多，并且大体上可以划分为晚宴鞋、休闲鞋、潮鞋、工作鞋等。视觉营销师需要考虑如何去展示它们，最有效的解决方式就是按照最终用途分类摆放。

和所有的时尚商品一样，鞋子的风格、颜色、质地和材料都会经常变动。以上这些元素的变化会改变鞋的外形特征，可以被视作新产品的发布。

图4-18 利伯蒂（Liberty）的饰品陈列（伦敦）。
图4-19 路易·威登木质鞋展示。
图4-20 Church's品牌男性足部商品展示（伦敦）。

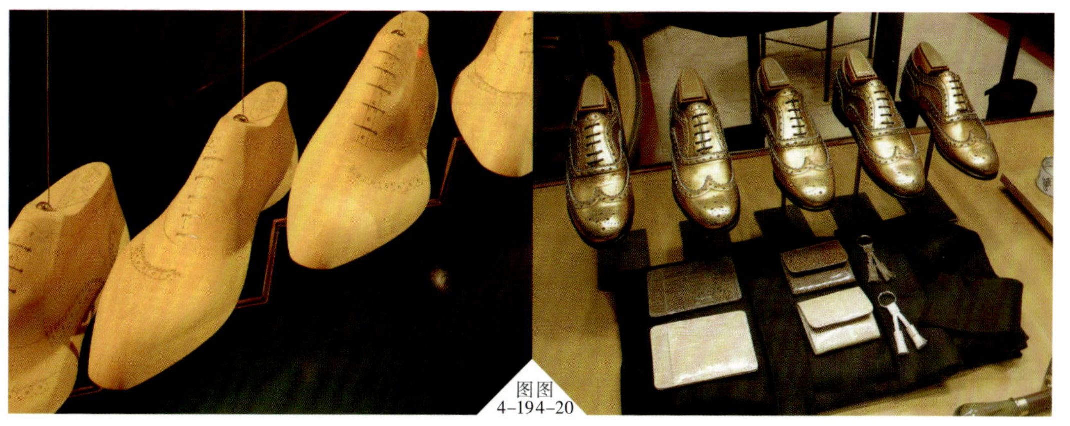

图图
4-194-20

男装

定制

展示定制服装尤其重要，因为它会直接展示人体模型的穿着效果。通常用全身人体模型来展示产品，并且以最大限度地展示所有的细节，如纽扣或者口袋等。男性人体模型倾向于选用96.5cm（38英寸）胸围、76cm（30英寸）腰围、183cm（6英尺）身高的规格。选择人体模型时要考虑人体模型使用的环境状况，有些人体模型的臂膀和胸部带有肌肉，这会使得穿在人体模型身上的服装正装变形。此外，裤子几乎总是和外套一起搭配展示的。

衬衫

大部分男士衬衫是使用高密度排列方式陈列进行视觉营销，也经常会运用上半身人体模型进行展示。幸运的是，市场上为了适应各类服装的展示，有各种各样的人体模型，那些带有关节杆和手臂的人体模型，能够把原来一个看似无趣的服装展示变得生动和有趣。男士上衣的款式和风格变化多样，有一些特别的细节，如袖扣、品牌商标等可以作为展示的一部分。

男士内衣和袜子

男士内衣，包括T恤衫，最佳展示方式是通过放在陈列装置上方或者用全身人体模型、半身人体模型进行展示。袜子则可以重复排列放置在脚部模型上，以传达色彩的多样性。

正装领带

和所有时装商品一样，领带的最佳展示方式是戴在人体模型上直接展示、在带有领子的正式西服上结系领带。就领带推广而言，有一些方法可以利用，在一些特殊的场合，比如婚礼或有着正装要求的场合结系领带，以便吸引那些工作中以正装为主的目标顾客。

图4-21　Mixing品牌男装和女装上衣展示。

图 4-22

鞋

同女鞋一样，在展示前要做好充分的准备工作，必要的话要为皮鞋打油，把商品的优势以最佳方式呈现出来。消费者通常看不到鞋的脚背部分，只能看到其外观，因此应该合理地系上鞋带，先把鞋带松开再整洁地系上或者向内卷起来。男士的鞋通常不会有很多颜色、风格和材质的不同，看上去都非常单调，这就需要考虑如何利用季节性或促销性道具以及图像来把商品特点展示给顾客。

运动装

运动装通常很轻薄，色彩绚丽，并且常带有很多品牌标识或者与某个体坛名人、活动相关。在展示运动装时通常会强调它的特别性能，如保持体温、防滑或者可回收面料等，有些品牌还可提供定制服务，如添加个人标记或不同颜色。

儿童服装

成人服装营销的原则同样适用于童装。英国夏天开始的返校季促销，是主要的童装促销活动之一。以一种有趣且令人兴奋的方式来展示暗色调的商品具有一定挑战性。除了必要的学校校服之外，童装不仅要吸引孩子们也要能吸引家长的注意力，并且拥有奇思妙想和兴奋点的视觉效果是销售这类产品的关键。

商品陈列准备

- × 商品都被登记在册，并且有离开仓库或者店铺楼层的时间。
- × 去除电子标签、贴纸、吊牌和标签十分重要，展示结束这些又可以轻易地再附上去。
- × 如果所展示的商品是衣服，那么要选择好相应尺寸的人体模型或者半身模型。根据品牌情况，常用的人体模型尺寸是英国8号、10号和14号。
- × 根据商品的材质和成本选择是蒸汽熨烫还是熨斗熨烫。奢侈品应该始终选择蒸汽熨烫来消除包装和运输所造成的折痕。易有折痕且价格便宜一点的商品也许需要使用蒸汽和铁板两种熨烫结合的方法，熨斗熨烫时温度很高，需要十分小心。此外，检查布料和写有注意事项的标签也是非常重要的。
- × 虽然包装本身处在完美状态下，但是要检查被包装起来的商品是否可以使用。
- × 易腐坏的商品通常不放置在橱窗中展示，可以选用化纤品代替放置。
- × 有些商品也许需要洗刷、除尘或擦亮，通常使用干净的布或者黏胶就能轻而易举地达到目的。
- × 不要选择有任何破裂、碎片、撕碎或者以任何方式损坏的产品进行陈列展示。

图4-22 Foster&Son品牌男士正装皮鞋的展示。

布景

布景是指在店铺内创造一个空间层次，通过重新创造景观的形式，形成一个错落有致的顺序，将观者的视角从最低点逐渐引领到最高点，使顾客的视线从门口的陈列开始延伸到尽头处，故这种陈列装置应置于店铺最低处，如桌子，然后视线转移到商品特色或装置上，依次引导顾客视线到有大型装置的后墙销售区。这种布局给顾客提供了商品和店铺展示的最佳观看视角。

布景通过舞台设计用于电影制作。店铺橱窗或者内部空间也能用相似的方法进行处理，可以通过一些装置、色彩、商品、灯光、道具、图片和表面材料的改变，在不同的区域创造一种视觉体验。环境美化会促使顾客从店铺前端走向店铺末端进行购物，所以最理想的情况是，时尚商品从地面开始一直陈列到墙上，而不是在墙面和地面分开陈列。

图 4–23

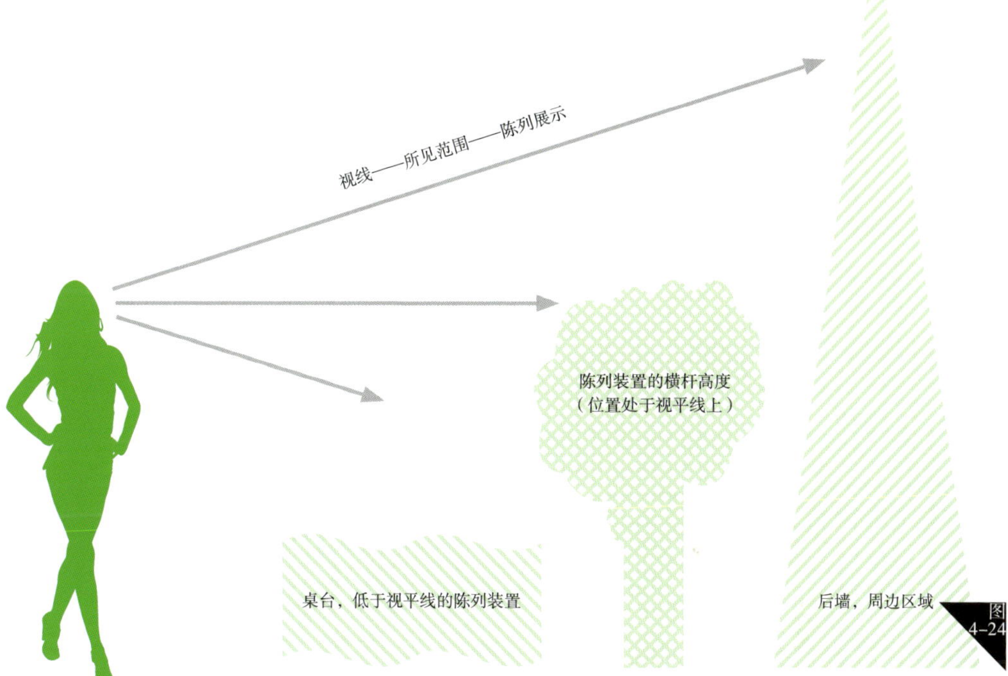

图4-23 Gap专卖店的布景（伦敦）。
图4-24 视觉营销策略：美化环境——布景。

陈列装置的类型

为了达到“看到它，喜欢它，购买它”的效果，成功的视觉营销会同时考虑商品的层次和触摸性。例如，重量级商品或庞大的物品，如牛仔服装和针织套衫，最好置于基本的柜台上，因为柜台处于腰部水平线上，顾客容易拿到并方便触摸感受商品。这是客户体验中特别重要的一方面，这样做可以有效增加商品销售量。陈列在视平线以上的商品更可能出现在顾客的视线尽头处。但是如果把小商品陈列在高水平线或低水平线上则容易被顾客忽略，而大型或笨重的商品更适合置于低水平线上。

挑选陈列装置

当考虑店铺空间需要的陈列装置类型时，特别需要思考以下几点：

× 消费者从哪些类型的陈列装置上购买的商品最多？

× 哪种陈列装置展示率最高？

× 消费者从陈列装置上哪个位置购买的商品最多？

× 陈列装置在卖场布局中起到什么样的作用？

× 陈列装置的材质是否与商品品牌相匹配？

× 陈列装置是否具备合适的材质以保证其功能？

× 使用特定类型的陈列装置时，可以从中获得什么样的视觉营销效果？

× 一个特定的陈列装置能容纳多少商品？

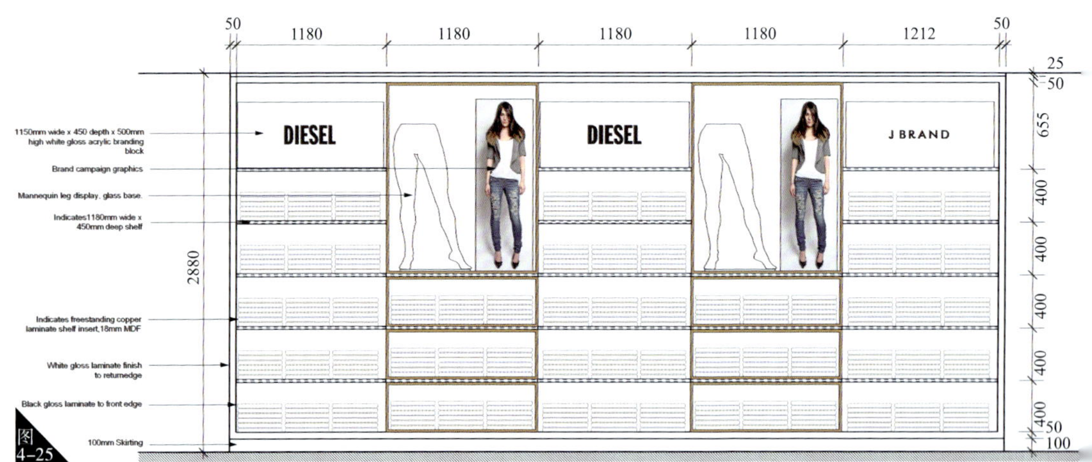

图4-25

为保证商品具有吸引力并且“容易购买”，卖场的陈列装置必须维护良好并且由主要视觉营销元素合理地支撑，才会令人印象深刻。零售店的陈列装置需长期使用，投资成本高，因此应该合理设计并选择产品或品牌的密度和类型。挑选的装置必须尽可能长期有效地被使用，所以实用性、功能性、材料、风格都需要仔细考虑。

在视觉营销设计中，不管是一场商品展示，还是环形或跑道形式的店铺陈列，陈列装置都应有合理地布局能创造一个有效的销售环境。陈列设计应能方便顾客在店铺中穿行，商品焦点避免挡住顾客视线，成为障碍物。正因为如此，陈列装置在各个高度都应该发挥其最佳效果。

图4–25 牛仔销售墙面的重复和平衡。
图4–26 玛莎百货店（Marks & Spencer）抢眼的陈列展示。

图4–26

陈列的典型装置

陈列大量商品的装置

陈列大量商品的装置，正如其名，是在零售店内能大量陈列商品并且可以移动的装置。由于其尺寸大，这类装置常在店铺后面用来展示诸如牛仔服装和鞋类等商品。

金属陈列装置

传统的金属陈列装置是许多零售商的首选。与几年前零售店内处处可见如镜面般的高络合金材料的陈列装置相比，拉丝钢是目前最受欢迎的金属材料。金属陈列装置可做成不同规格的圆形横杆、四脚结构和T型柜台。这些装置都可调节高度以适应一年中服装商品长度的变化。

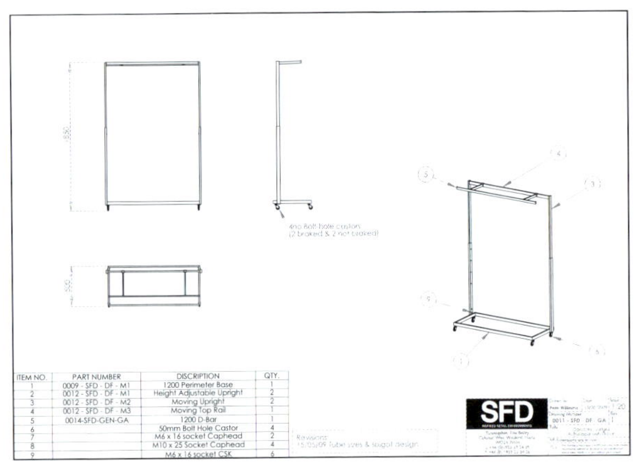

ITEM NO.	PART NUMBER	DISCRIPTION	QTY.
1	0009 - SFD - DF - M1	1200 Perimeter Base	1
2	0012 - SFD - DF - M1	Height Adjustable Upright	2
3	0012 - SFD - DF - M2	Moving Upright	2
4	0012 - SFD - DF - M3	Moving Top Rail	1
5	0014-SFD-GEN-GA	1200 D-Bar	1
6		50mm Bolt Hole Castor	4
7		M6 x 16 socket Caphead	2
8		M10 x 25 Socket Caphead	4
9		M6 x 16 socket CSK	6

图4-27 通过SFD，为悬挂杆设计规格图。

图4-28 通过SFD，为桌台设备设计规格图。

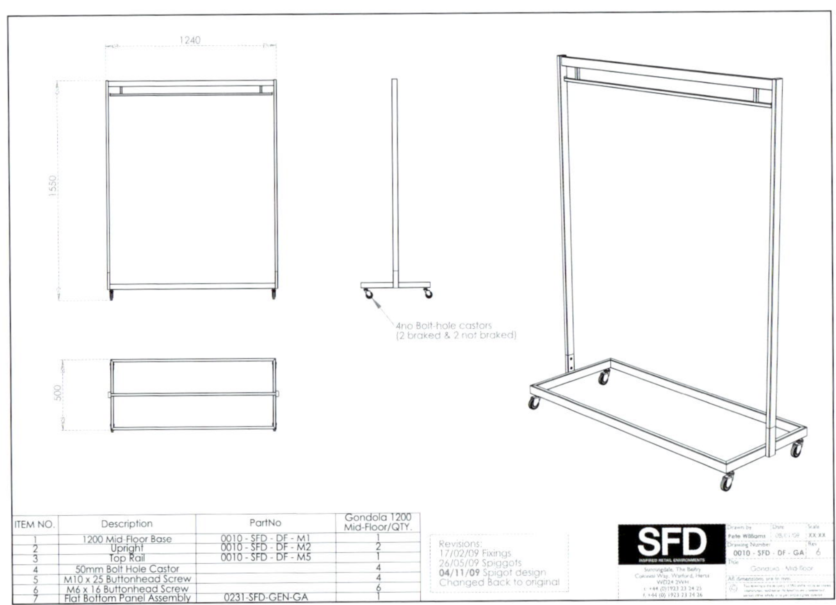

ITEM NO.	Description	PartNo	Gondola 1200 Mid-Floor/QTY.
1	1200 Mid-Floor Base	0010 - SFD - DF - M1	1
2	Upright	0010 - SFD - DF - M2	2
3	Top Rail	0010 - SFD - DF - M5	1
4	50mm Bolt Hole Castor		4
5	M10 x 25 Buttonhead Screw		4
6	M6 x 16 Buttonhead Screw		6
7	Flat Bottom Panel Assembly	0231-SFD-GEN-GA	1

图4-26

货架

货架是由多种材料制造而成的。作为大容量并且能够灵活移动的装置，通常备有轮子以便它们在店铺内随时移动。密度高的商品，比如内裤，放置在货架上效果非常好，可在货架旁添加图片或半身人体模型进行展示。货架上置于底层的存货有利于补充库存。

方格箱

方格箱用来存放大批量的商品。这类设备被广泛地用于存放牛仔商品，其中商品可折叠放置，也可按照大小、式样和色彩顺序排列放置，方便顾客挑选商品。

桌台陈列设备

桌台在店铺中是最常用的陈列设备，在布景技巧中充当“湖泊”的角色。桌台可以放置于减压区旁，为促销创造销售机会，也可放置在零售空间内，以打破存放大型商品的金属陈列装置的单调局面。

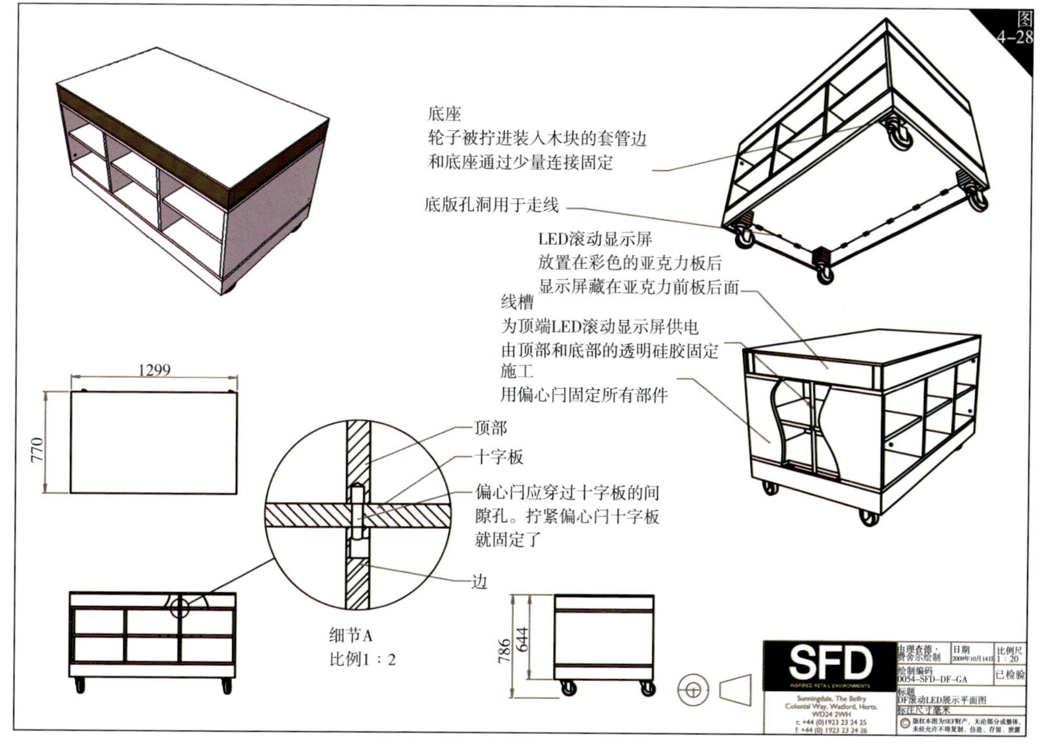

图 4-29

特色陈列装置

具有时尚功能的陈列装置通常用于进行特殊商品或少量可促销商品的陈列展示，特色陈列装置可根据店铺陈列布局的需要进行移动。这类装置常散置在商业区内以搭配全套陈列装置，且用来存放裤子、运动鞋、各类上衣或夹克等商品。

品牌标语陈列装置

随着品牌效应对顾客争夺的日趋严重，品牌差别化越发显得重要。让顾客认识品牌且认出特定位置的识别标志很有必要。品牌标语陈列设备则传达了这种品牌信息，因此它常被置于卖场的前端。

古董家具用作陈列装置

为了创造陈列的差别化，增加顾客对店铺环境的兴趣，很多零售商使用各种不同风格的古董家具或复古家具作为陈列装置，如衣柜、橱柜或桌台。Anthropologie 品牌在此方面做得极为出色，其中一些设备甚至可供销售。

图4-29　由SFD设计的弗雷泽百货中牛仔区的陈列设备。

图4-30　由SFD设计的围墙规格图。

定做的陈列装置

一些品牌更是超前一步将古老或古董品结合现代设计创建专门的陈列设备。如将老式的手提箱和旅行箱捆绑起来组成一个陈列装置，或使用旧桌子在斜角处连接形成一个陈列设备。

品牌特定陈列装置

一些品牌在店铺内为它们的商品提供特定的陈列装置。最好的例子就是免税区，其中的陈列装置结合了大幅平面广告、品牌促销信息、液晶屏幕、名人签名，或利用人体模型凸显商品。品牌特定陈列装置能使店铺通过控制商品的布局来保持品牌形象。

墙面网格展示架和条板墙

一些零售商在店铺周边区域使用网格展示架和条板墙陈列装置系统。虽然一些时尚专卖店也使用这些设备，但是网格展示架往往用于户外店铺而不是室内专卖店。商品悬挂在金属网格的支架上，形成了一个既成本低廉又功能多样的陈列系统。条板墙面有着类似的结构，其中放置商品的支架固定在两块木板间的缝隙中。

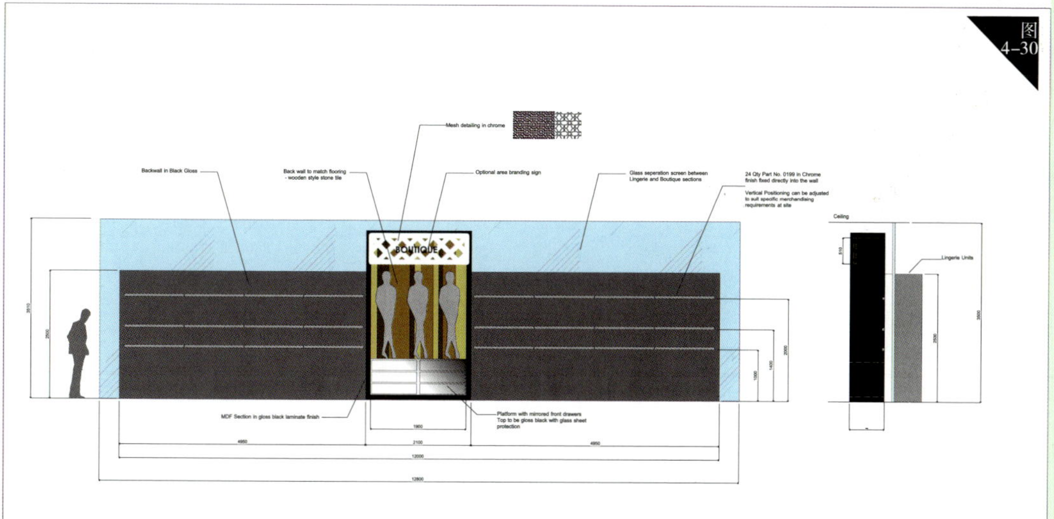

图 4-30

案例：哈乐昆设计（Harlequin Design）

综述

哈乐昆设计是一家位于伦敦，专门从事品牌开发、零售店设计、排版印刷、网络营销以及公关事务的工作室。它主要承接时尚行业零售业务，其业务遍布全球，客户范围从旧金山到上海，它的设计团队基于各个层面的市场，进行高成本效益的视觉营销方案设计，哈乐昆设计为店铺和网站打造品牌理念、设计制作全套宣传图像、实施视觉营销方案以及管理橱窗展示。哈乐昆设计能满足品牌想要达成的任何设计并且帮助它们建立一种牢固而又成功的品牌形象。

在这个案例中，我们将深入研究哈乐昆设计的一个项目——男性时尚零售品牌哈克特（Hackett）的视觉营销方案。

哈克特品牌的橱窗展示
哈乐昆为哈克特品牌设计的方案，哈乐昆设计从印在衬衫上的蝴蝶到故事性展示都有。

方案描述

这份简报是由哈克特品牌的创意团队设计的，他们通过运用情绪板来展示图片以及季节性产品，情绪板根据此品牌的各种商品系列进行分类，如五月花韵（Mayfair）、棕色秋天（Brown in Town）和蓝调回归（Back to Blues）系列等。设计师对哈克特品牌进行了深入全面的了解，英伦风是哈克特品牌形象的主要部分，这也是简报中的主要内容之一。

设计流程

哈乐昆的设计理念主要是通过对新想法和新概念的研究、实施进行设计开发。流程的早期阶段是画出最初方案草图，这会在伦敦某个商业区的店铺中完成。哈克特品牌的目标客户是当地的消费者，而斯隆街上的店铺则以吸引购买定制服装和西服的富商为主。附近丽晶街上的店铺客流量极大，出售商品主要以休闲服装为主，比如球衣、毛衣。方案设计必须适用于不同场合并能吸引各类顾客群。

将4~5个方案设计呈现在顾客面前时，极其偶然的情况就是其中的设计没有一个被接受。被店铺所接受的方案将被更加详细地展示在橱窗中。

设计团队需要先了解每个店铺的布局和规模，然后开始确定并通过邮件沟通店铺中每个位置的设计。每个店铺的情况不尽相同：有的店铺在老城区，而其他则位于购物中心内，因此了解每个场地的情况至关重要。伦敦、马德里和巴黎的旗舰店都包含整个品牌概念，设计方案逐渐在小型分店和国际专卖店中传播。这些店铺收到精心设计的方案后需要将其本土化后再实施使用，所以沟通交流非常重要。

这个方案的设计基于希区柯克（Hitchcock）的电影《群鸟》（*The Birds*），使用了这部影片中的主要图案，如字母“H”和假的黑乌鸦。实施此方案需要找到一个方法将乌鸦绑在电话线上且使其不掉落，随后将此方法传到各个店铺以实施执行。

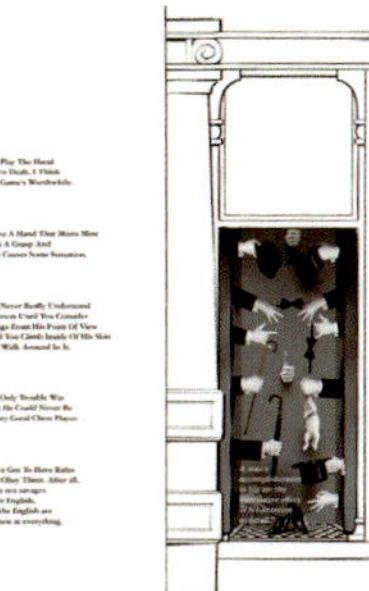

安装

在正常情况下，设计、计划、制造、安装一个新主题的橱窗仅用一周的时间，目前这已逐渐成为一种标准，这就意味着设计团队必须在最终签署合同阶段前就开始组织制作特定道具。

旗舰店的主题橱窗安装动用了大批工作人员，他们的工作是排除所有未知故障。品牌的代表也在场帮助他们疏理流程，且在必要情况下将此讯息传达到小型店铺中。

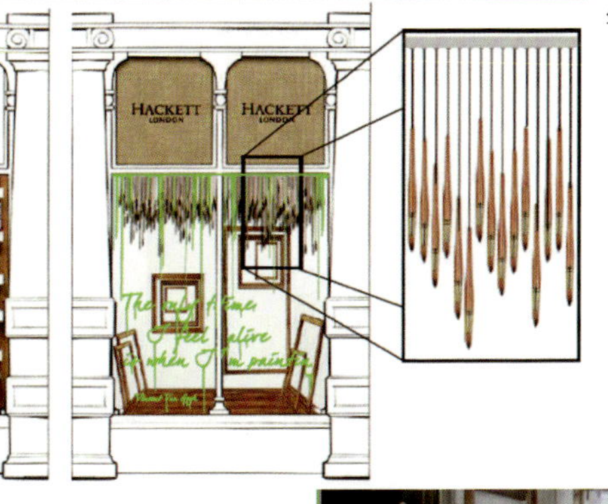

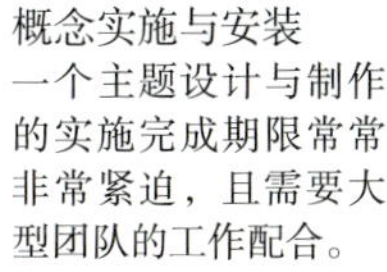

概念实施与安装
一个主题设计与制作的实施完成期限常常非常紧迫，且需要大型团队的工作配合。

案例：Proportion>London公司

概述

Proportion>London是一所强调以设计为先导的视觉营销公司，主要从事全身人体模型、半身人体模型和各类视觉营销设备的设计与制作。该公司历史悠久，起源于1867年的Siegal&Stockman，到现在公司仍为服装品牌设计工作室和裁缝陈列室制作纸型上半身人体模型和模型躯干。

开发流程

当按客户要求进行人体模型制作时，首先要考虑的是人体模型的体型与头型。制作第一个模型常常是最难的，也是开发与制作中耗时最长的。模型开发过程中首先选择的是人体模型的姿势，直立或简单的形态。设计团队要全面考虑整个人体模型系列的开发，以确保开发的人体模型符合要求。

如果以真人为模特进行人体模型的制作，其姿势、规格必须要符合客户的要求。为制作理想中的人体模型，常需要解决人体模型上存在的某些特定的缺陷。身体模型和头部模型是不一样的。通过用特定脸部模型或借鉴档案中的图像，开发团队跟客户和雕塑家共同协作提出了可行性解决方案。

一旦模特姿势被确定下来，就要对模型进行360° 全方位拍摄并测量其尺寸，总共大致有60个测量结果。这些信息都将在雕塑家制作模型前被记录下来。

Proportion工作室
在工作室内完成建模、雕塑和制作过程。

雕塑的初始阶段需要建造一个支架，也就是“骨架”，然后在其中填充黏土构成一个基本体型。

头部则是“粗略的勾画”，只简单地用一大块黏土塑造头部模型的最终效果。然后，将头部插入到人体模型颈部的支架上，人体模型的身体部分和头部要分开来制作。

制作的下一步是在黏土模型上试穿衣服，如夹克、紧身衬衫、修身牛仔裤和内裤。以特定方式裁剪紧紧包裹脚面的鞋，以便减小鞋底与模型足底间的摩擦，使鞋子的穿脱更容易。如果这个阶段一切运行正常，模型才会为客户所接受。

制作阶段

将泥土模型切做成肢体，再做成石膏模具。将手臂插入躯干后进行后组装，这样石膏模具就组装完成了；然后小心地打磨石膏表面，再进行填充并适当矫形，这些过程都需要做一些细微调整。

在石膏模型上试穿第二组服装，以帮助顾客检测其易用性。人体模型在店铺中陈列时，其头部、手臂和腿部会普遍受到关注，所以应特别注意这些部位。

在玻璃钢模具中对石膏模型进行再造，这种模具可以作为大批量生产的主要参考。下一步就是检查所有模型的技术层面是否过关，确保模型能稳当直立地放置且无任何安全隐患。在最终大批量生产模具前这些模型必须取得客户认同。整个过程大约需要三个星期的时间。

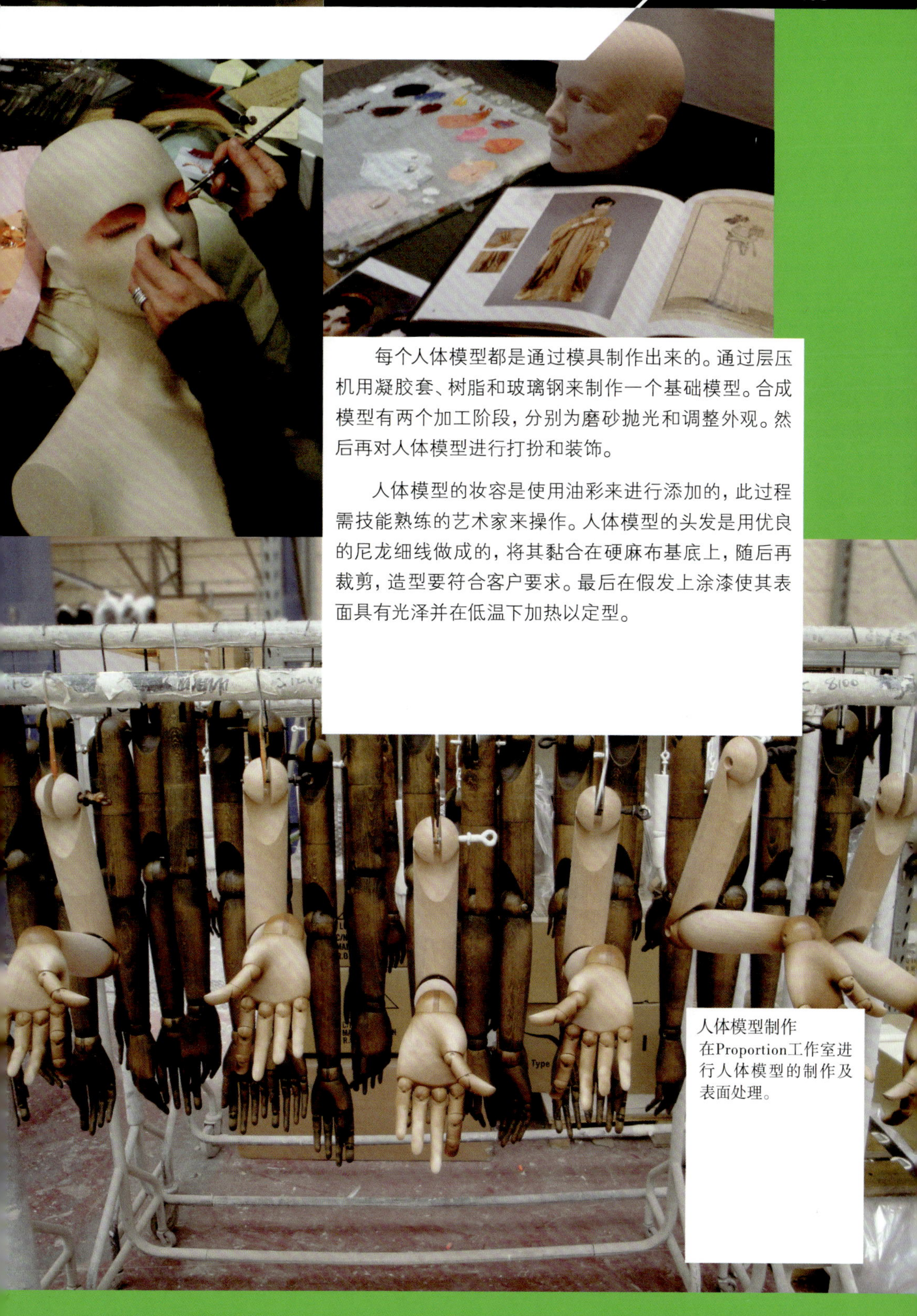

每个人体模型都是通过模具制作出来的。通过层压机用凝胶套、树脂和玻璃钢来制作一个基础模型。合成模型有两个加工阶段，分别为磨砂抛光和调整外观。然后再对人体模型进行打扮和装饰。

人体模型的妆容是使用油彩来进行添加的，此过程需技能熟练的艺术家来操作。人体模型的头发是用优良的尼龙细线做成的，将其黏合在硬麻布基底上，随后再裁剪，造型要符合客户要求。最后在假发上涂漆使其表面具有光泽并在低温下加热以定型。

人体模型制作
在Proportion工作室进行人体模型的制作及表面处理。

图5-1

5

第五章 调研和设计

本章主要介绍涉及开发视觉营销新概念的创作过程。尽管零售业主要遵循创新原则，视觉营销仍以销售结果为主要考量。通过娱乐顾客、吸引顾客，视觉营销可为零售商们增加产品的最终销量。

全球性视觉营销品牌仍在市场上占据主导地位，目前大多数品牌采用更为古怪、夸张的方案（往往用在奢侈品品牌、百货商店和小型精品店中）却极受推崇。为进入目标市场并使品牌差异化，开发本土市场非常重要。本章探索了多种策略，挑战传统方式并且用富有创造性的方式来诠释视觉营销的概念，为品牌、产品和环境提供支持。

图5-1 哈维·尼克斯（Harvey Nichols）店铺的一个戏剧化橱窗展示（伦敦）。

视觉设计开发

加强创造性思维有很多方法：阅读出版物，体验不同文化，接触富有创造性的人物，参观展会、展览和美术馆等。作为视觉研究者，这些方法我们都已尝试过了，但在创作过程中我们应更具战略性。以下大致概括了几种技巧帮助读者激发创造性思维。

思维导图

思维导图法或头脑风暴法对开发概念非常有帮助。思维导图本质上是一个有机图，在其中随机收集词汇和图像。通过运用东尼·博赞（Tony Buzan）的发散性思考法，我们可以刺激大脑机能从而想出创意。这个过程是从一个单词或一个中心主题图像开始，它们可以是一个主题或者一个概念或者任意事物，比如感觉、色彩、情绪。通过添加源于中心单词或图像的分支单词或图像发散出很多相关的单词、图像。

图
5-2

图5-2 在任何地方都可产生视觉灵感。

一旦你建立了多元兴趣点，这个过程将自然停止。它确保视觉营销设计者有广泛的想法，且所有可行的想法都已被确定并利用为设计的引领和概念。

当我们提出新概念、新想法、工作创新方法、新购物方式、新体验和新视觉营销环境时，以下问题对此很有帮助：

这是什么？

一个情绪板或概念板，展开点是一个随机选择的单词。

我们为什么这么做？

这是开始形成新想法以及新思维的方式，向前发展并塑造视觉营销产业未来的一个有用的过程。

我们如何做到？

我们将研究随机选择的单词的含义。将这个单词置于黑板中央，建立多种新想法和各类视觉营销理念及购物方式的组合来阐述其含义。

为什么需要开发新视觉营销理念？

我们有能力去创造、提高并重塑生活环境，例如，实践操作、技能开发、知识和科技的更新。我们大多是通过工作和为他人提供产品或服务来谋生的。最终，我们需要设计新的且激动人心的视觉营销方案以备将来使用并维持我们事业的长久。

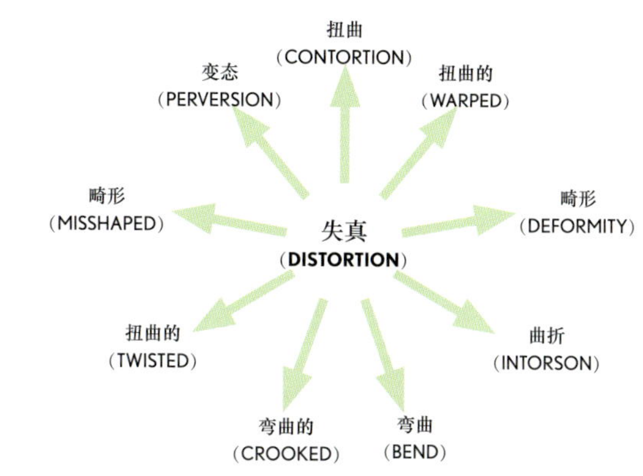

图5-3

图5-3 视觉思维导图。

图 5-4

行程技巧

记录调研行程能激发意想不到的灵感。举例来说，参加行程者被要求在视觉研究方法实验过程中使用一次性相机。参加者必须更专注于行程中的抽象图像而不要相互为对方拍照。首先，从丽晶街到牛津广场（伦敦的中心购物区）中选取参与人员。参加者跟随标志穿越在人群和交通中，拍摄沿途所有的重要景物。他们会收获到一张含关键词的清单，如能量、灵活、专注、质地、标牌、图片、变形、空间、身份等，以在他们记录图像时被作为依据记载下来。

图像质量不可能完美。但这并不重要，重要的是记录的想法和图片都非常到位。全程的记录照片不要多于30张。

这些图片叙述了一个由个人观点和视觉指示牌组成的行程故事。尽管每个人走过相同的路线，但亲身经历和道听途说的故事是不一样的。这体现了人们参与和诠释的本质，它是视觉营销设计师工作的一个组成部分，即通过主观认知以适应多元空间。

横向思维

横向思维是另一种探索、思考方式，能够摆脱旧思想，从所想中获得与众不同的想法。纵向思考是一种传统方式，过程中每次只移动一步。而横向思维则是寻找其他信息和解决方法，无限制地挑战传统思维或想法。横向思维与纵向思维可形成互补，也能同时运用。

横向思维能应用于许多设计情形中，尤其在解决视觉营销中特定设计、展示和创新性问题时极为有效。根据爱德华·德·波诺（Edward De Bono）所说，横向思维带来的最大好处是能创造性地解决问题和得出新想法。

剪贴簿

剪贴簿有利于收集视觉信息碎片，然后再以新的方式拼凑起来。剪贴簿和速写本都是私人物品，不需要向客户展示，但将剪贴簿和速写本分离开来是一种好习惯，条理分明可使思维更清晰。

剪贴簿可包括已找到的或间接获得的图片，例如：

× 夜总会传单。
× 火车票。
× 汽车票。
× 照片。
× 请柬。
× 展览会传单。
× 明信片。
× 杂志和报纸上的文章。
× 唤起对旧时光回忆的图片。

剪贴簿中的图片应有标注，以提醒自己它们是从哪里被发现的，这个标注可能在未来设计中能够被引用，或有助于在需要时再次找到它们。

图 5-5

图5-4、图5-5 拼贴图 两名视觉试验参与者在实验过程中所拍摄的图片。

速写本

速写本是一种基本的视觉信息记录本。或许数码设备更易捕捉和记录图像，但手绘使我们能评判所见的景象。尽管数字图像很有价值，但绘图是一门技能，熟练掌握它有助于表达更多的自我意愿。以下是对速写本应包含内容的一些建议：

× 速写。
× 对所研究的视觉信息的评断与分析。
× 思维导图活动的记录。
× 开发概念的草图。
× 草图设计。
× 空间及区域设计。
× 环境分析。
× 视觉评审。
× 概念的检测及开发。
× 草图模型图像。

视觉评析

对某一品牌及其竞争对手进行视觉评析有助于自我审视，反思自己所做的是否正确，并使自己能够确定未来发展的方向。零售业中的视觉营销有一定主观性，在选择方案时人们喜欢表达他们个人的好恶。不过这可以由深入的思考和分析来平衡，从而获得相应的建议。视觉评析的好处包括：

× 评估出优点和缺点。
× 成为客户的眼睛。
× 确定最佳方案——择优挑选方案。
× 在市场中寻找业务定位。
× 提供灵感和激发新想法。
× 进一步练习观测能力。
× 接受有用的批评。
× 理解和识别当前视觉营销的趋势。
× 支持新概念开发。
× 确定产品动态展示。
× 确立组成品牌和购物体验的各种元素。

图5-6

视觉营销是一个综合性名称，它包括店铺中的一切视觉设计。视觉营销设计者定期评估竞争对手的作品能激发自己的创造灵感，同时还会超越自己之前已经创建的视觉设计作品。所以要紧抓住新概念和新创意，尤其是评估有感召力的品牌设计作品。

视觉评析有多种方法。在零售业中的许多领域，如采购、营销、时尚产品设计等，都会进行标杆分析，以保持品牌的竞争优势。通过对多间店铺进行评析，才能获得针对当地市场全新的认知。视觉评审也可用来规范视觉营销原则和其应用。视觉观察的区域可分为实体区域和店铺内的视觉构成区域，比如橱窗、商品展示、围墙空间、地板、照明、促销区、人体模型和道具、图形、收银台、陈列设备、家具、配件等。

图5-6 学生Natalia Misiun速写本中的页面。

模型制作和实验

模型是对设计、建筑、想法、概念或意图的一个三维诠释。三维模型使空间探索更加连续，并且使物理空间内的运动可视化成为可能。

只有完成视觉研究早期阶段后才能够进行进一步实验和3D建模。从三维角度观看视觉营销概念是至关重要的，因此，只有店内图形在店铺环境中以二维角度观看的情况是不够的，所以必须建立真实的模型来表示一个物体、人体模型、道具以及陈列装置。

模型的种类

概念模型

概念模型往往是最小的，用于传达视觉营销方案背后的观点或概念。

草图模型

草图模型用于推敲一个方案的设计，包括展现工作流程不同阶段中的设计方案。

工作模型

工作模型常用来创建大型、长期的项目，如建筑房屋等。

用于各类模型中的材料有：

- 胶合板。
- 聚酯（泡沫）板。
- 纸。
- 轻木。
- 薄纸板。
- 塑料。
- 醋酸纤维。

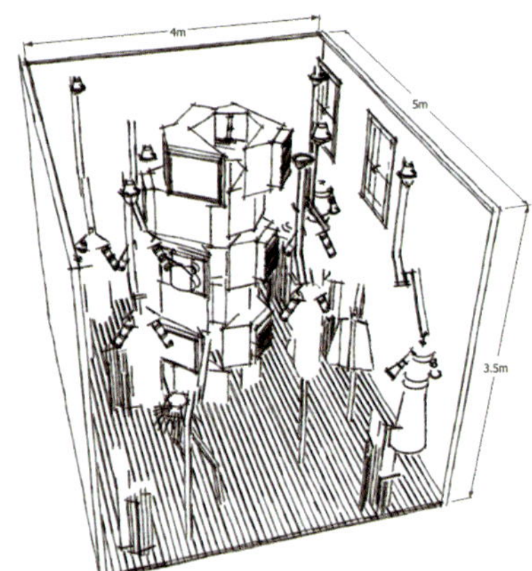

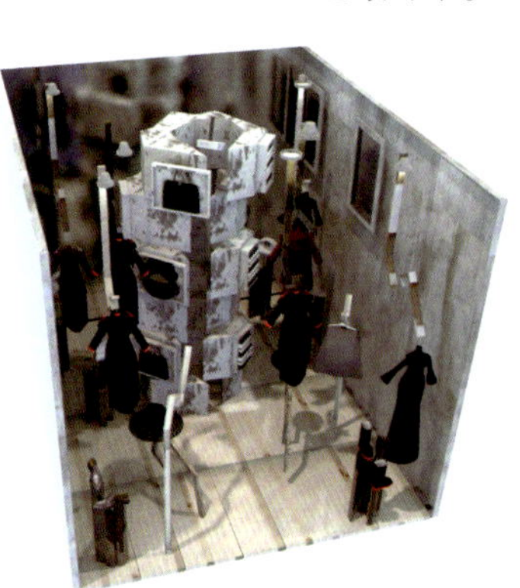

图5–7　视觉营销方案和数字模型演绎的草图。

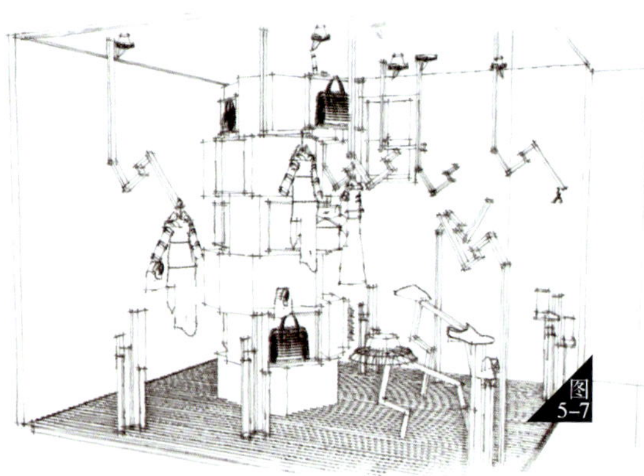

图 5–7

图5-8 探索形状和样式的模型。
图5-9 学生萨莎·莫利诺（Sasha Molyneaux）的小型橱窗概念模型。
图5-10 学生Qian Koh的小型橱窗概念模型。
图5-11 学生路易斯·基杰（Louise Kidger）的小型橱窗概念模型。
图5-12 学生纳塔利亚·米森（Natalia Misiun）的小型橱窗概念模型。

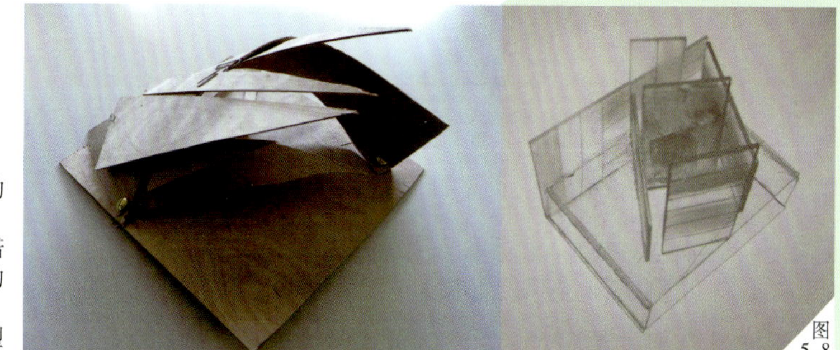

图5-8

图5-9  图5-10

图5-11  图5-12

空间开发

设计理念和空间的开发从视觉研究的开始就起着导向作用。视觉研究鼓励视觉营销师留意身边大量的视觉资源，并去调查原始资源，而不是依赖互联网资源或其他的二手资源，这样得到的灵感可用来作为未来项目的基础，并为设计中遇到的问题提供有用的解决方案。

空间考察

考察空间是很重要的，不仅是为了了解陈列设计的环境，也为了考查空间设计的实际状况、限制条件和局限因素，如果没有去现场勘查的话，这些可能并不那么清晰易见。

视觉营销师必须确保设计与空间相得益彰。如果这一步没有做好，那么所设计的令人印象深刻的图形或预订的大型道具可能就不合适了，这将浪费顾客或公司的时间和金钱。因此，理解其重要性并同他人沟通是至关重要的。

楼层平面图、截面图和立体图可从当地规划办公室低价购买，也可以从建筑师手中获得。在英国，1970年以前的平面图大多数使用的是英制单位，因此要将其换算成精确的公制单位。公制单位是世界上常用的测量单位（美国例外，它仍使用英制单位）。

空间测量

虽然目前有高科技解决方案和数字化测量技术，但自己掌握测量技术是非常有用的，这有助于视觉营销师更好地了解一个空间。这项技术可用于任何领域，是一项不可或缺的技能。

测量范围包括内部空间和橱窗。有些橱窗可能是后封闭式的，实际上就是一个盒子，有一面是玻璃作为店铺橱窗，背后则是一扇门。后开放式橱窗空间工作起来相对更容易，但也仍需要保证陈列产品与空间相适应。

空间测量需要的材料有：

× 铅笔。
× 橡皮擦。
× 尺子。
× 纸。
× 坐标纸。
× 直尺。
× 卷尺（至少有18米长）。
× 三角尺。
× 比例尺（通常大比例为1:100，小比例为1:50）。
× 圆规。

图5-13　橱窗空间测量图。

在开始工作之前应首先要熟悉空间，与客户确认空间位置。粗略地在一张空白纸上画出平面草图。如果你不确定平面图是什么样的，想象如果没有天花板，你从上往下看空间会看到什么？不是所有空间的墙壁都是直角，空间中常常可能包含一些结构元素，如柱子或坡道，这些都必须考虑在内。

首先要测量空间的每个角落，将结果记录在纸上并用虚线来表示。如果你单独进行测量，可能的话将卷尺放在地上进行测量会更容易一些。在这一步请忽略任何临时非结构性元素如散热器、空调、灯的开关等。

然后测量墙壁和门窗的高度和宽度，这是非常重要的，因为天花板悬在其上且高度不尽相同。画一个粗略的墙壁轮廓图，确保任何需要被放置在空间内的装置都能从门口通过，所以很有必要事先得知墙壁的高度。

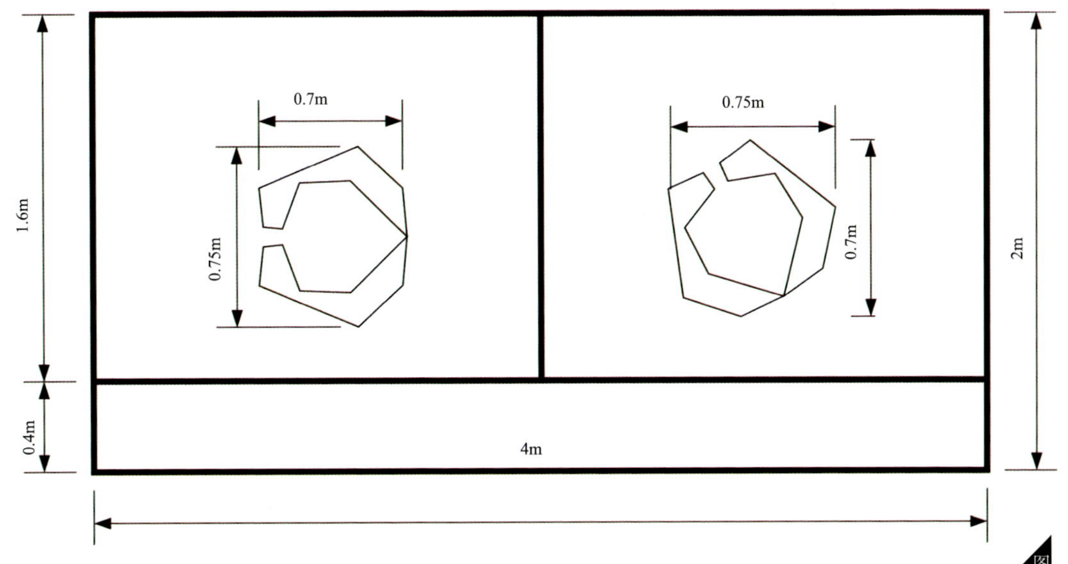

图 5-13

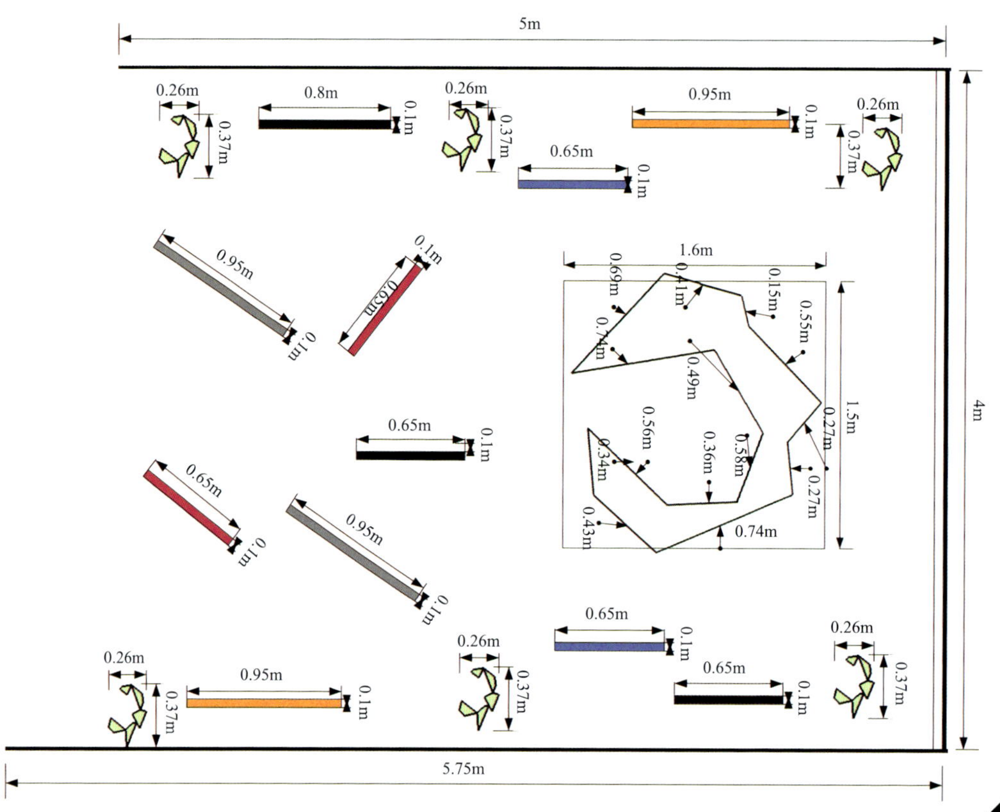

图
5–14

将平面图转到坐标纸上

一旦所有的测量都已完成，就可以用铅笔以适当比例将空间测量结果画到坐标纸上。这非常容易，坐标纸上每一个方格可以表示1平方米。

有一个简单的方法可用来准确画出柱子。首先测量空间角落间的距离，然后将圆规调为零并将这个测量值等价延伸到比例尺上，再将圆规的一个点放在纸上画一个弧，从而使比例尺上的测量值转移到坐标纸上，继续测量并以这种方式绘制，直到柱子的四个角都在适当的位置以弧形的方式被标出，最后连接弧的相交点即可绘制出柱子。

值得注意的是，你几乎总是需要重新测量一些尺寸。一旦平面图完成就应该绘制相应的立体图，开始“总体规划”，进行空间分区并设计商业空间。

如果你没有CAD软件，这种手绘技术是一种简单、有效且低技术含量的绘图方法。然而，如果你想做得更专业，可以利用各种CAD软件，如VectorWorks、Mockshop、AutoCAD和3D Max。

图5-14 各个空间的平面比例图。

图5-15 创建比例图表现SFD的一个工程。

设计概念的展示和传播

展示板传达了视觉营销的设计主题或概念。通过视觉体验向顾客“销售”概念远比通过文字更简单。以下我们主要探索如何细分理念，且着重强调用于传达概念的不同类型的展板。

样品板

样品板用于向客户展示提议使用的表面材料类型，例如地板材料、隔断表面材料和墙面漆。理想情况下，样品板应分层级放置，例如，地板样本置于样品板底端，而所有需要悬挂的视觉元素放在样品板上端。样品板使客户有机会研究真实材料样品，以便做出最终决定。因此样品应当可供触摸，以让客户感受材料的真实外观和性能。

图5-16　Choi Ho Lai制作的样品板。
图5-17　情绪墙样板。

图5-16

图 5-17

情绪板

情绪板由许多振奋人心的图片组成，以引起某种情绪反应。情绪板和草图、图纸结合起来，以三维形式共同传达设计理念。通常在项目的早期阶段使用情绪板，从而表达出设计理念的情感和意境。

心情墙

它和情绪板类似，但范围更大一些。心情墙可以作为工作室空间的一部分，整个视觉团队可将它作为一个共同的任务，每个人都致力于其中，一起讨论各个细节。

图 5-18

彩板

展板用来展示一个色彩方案或抽象意境。色彩板适用于在展板上传达色调、色度和色值，以及方案中的色彩搭配。

许多色彩资源可激发灵感的产生，趋势预测公司用它们来推测一年或一个季度的色彩流行趋势。在视觉营销方案设计中，区分颜色代码非常重要，特别在设计平面图像和墙壁颜色时，RAL色卡体系是一套国际认可的颜色代码，潘通色卡也是最常用的，尤其在使用颜色代码时。此外，独立的涂料公司的色彩代码也被广泛认可，因此也要知道。

趋势展板

趋势展板用于定义一个外观、主题或方案并对它们进行预测，将样本或图像的色彩、质地和形式的特征明确展示出来。通常流行趋势可以从商业街或时装秀中获得，但趋势展板能够以任何事物为内容，其范围可从音乐、产品、颜色、表面材料到穿着方式以及最新“必备品”的热潮。

生活方式展板

这种展板通过产品图片或样品组合，描述顾客及品牌的形象或生活方式。展板的内容必须令人满意，鼓舞人心并且和公司营销策略相关。生活方式图片可展示关于人口统计、地理和心理方面的元素，以及其他鼓舞人心的符合品牌理念的元素。

展示技术

当你想使自己的展板拥有个性风格时，以下方法对你很有用：

× 视觉资料可用照片、杂志剪报和报纸的形式展现，但图像必须清晰且需要细心的裁剪。

× 视觉资料的摆放要使它们看起来干净、整洁且便于阅读。避免使用过小的图像。

× 有时客户希望看到简单、直白的信息以同一种格式展示在一条直线上或网格中。

× 为增加趣味性可以将视觉资料重叠放置，或者尝试先将它们安装在泡沫板上，然后再将其覆盖在一张比它更大的图像上。

× 将样品分组比分开放置效果更好。

× 将样品放置在相关的视觉资料旁，例如，面料样品放置于沙发、墙纸、地板旁边等。

× 如果你使用强烈的颜色，就需要平衡展板色彩，以防焦点只在一个区域，并要确保所有的信息都能被注意到。

× 使用不同的图像、形状和形式来激发人们的兴趣，例如，使曲线紧挨着直线等。

× 确保剪报和样品整洁、整齐且黏附良好。

× 简单的线条图和草图能增加创新感。

× 如果项目和产品相关，应给它们加上标题。但是，不要使展板上承载过多的书面信息。

图5-18 由Magdalena Choluj制作的木偶趋势展板。

25个视觉主题

许多视觉营销方案都会首先确定一个主题。以下列举一些主题，可为你的视觉设计提供灵感。

戏剧性主题

戏剧性主题常常用来营造一个虚幻的世界。里面存在着夸张且非现实的人物和环境；他们是想象的，梦幻的，有一种空想主义的感觉。创造夸张效果和叙述故事是常见的主题环境烘托手法，往往大规模地使用道具和配饰，将橱窗装饰得如同舞台布景一般。

戏剧性主题能愉悦、吸引并打动顾客。在戏剧性主题橱窗设计中会使用大量道具。专业道具常委托道具制造商制作，用它们来连接一些简单物品，专业道具可以被多次使用，如积木、柱基等。使用特殊道具最好不要超过一次，因为这样顾客会认出它们。

图5-19

图5-20

概念性主题

概念性主题是将概念用于艺术作品、活动或流派的设计，也可以鲜有成品（出现）为概念基础的设计。概念性主题着重于通过创新和想象来传达信息。商品和品牌之间的关系不会特别明显，然而非传统、具有挑战性且鼓舞人心的设计理念总能吸引顾客的注意。

以概念为导向的主题常协助艺术家、设计家、博物馆、美术馆或展览馆开发使用。概念性主题挑战顾客的认知，使他们驻足欣赏。主题中使用雕塑道具、艺术作品和刺绣等，从而将焦点从所卖商品转移到装置之上。伦敦利伯蒂（Liberty）品牌店铺与艺术、设计、媒体行业协同合作或与现代展览联合，时常挑战传统橱窗设计，结果往往是商品与道具之间很难保持平衡。

图5-19 波道夫·古德曼的橱窗（纽约）。

图5-20 利伯蒂的橱窗（伦敦）。

图5-21

季节性主题

季节性主题主要用于一年内的主要节日和零售活动的橱窗设计。和更为明显的季节性展示一样，一些重要日子可在当地进行庆祝展示，如圣诞节、复活节等。季节性销售时间是固定的，与纪念日、气候、宗教庆典一致，每年的变动很小。店铺往往围绕着有意义的节日开展活动以促销相关产品。

生活方式主题

生活方式主题常混合使用道具、材料和配饰来衬托商品，增强橱窗装置中的气氛。以生活方式为主题布置的橱窗反射出消费者本质的渴望和需求。一个营造出视觉冲击的环境或逼真的室内布置，易吸引那些将主题植入自己家中的购物者。激动人心、理想且互补的生活方式主题装置用途广泛，能容纳大量商品从而呈现出视觉效果。生活方式主题常应用于家具品牌的橱窗设计，将其呈现在整个场景或情景中，就像走进真实的生活场所一样。

图5-22

图 5-23

潮流趋势主题

基于社会、经济、多样化或主流的主题易接近购买者的心理，从而建立一种理解和信任，反过来这种信任加强了消费者和品牌之间的联系。从时尚潮流的角度来看，陈列装置可以放置必备品或特殊商品，从而传递出紧追潮流的理念。商业街传递的潮流趋势和时装秀一样重要，对于许多时尚品牌而言，它们都是时尚潮流。

怀旧主题

怀旧主题能唤起昔日情怀，有时通过戏剧性橱窗来营造一种幽默或浪漫的氛围。一种“勤俭节约”的态度（20世纪40年代的必需）最近在英国主要商业街上掀起了一股潮流。它代表着目前，在过度消费时代里消费者的一种心态：对再循环和再利用观念的极度热情，为迎合这个社会潮流，各类店铺的视觉营销方案正变得越来越富有创意。

图5-21 汤米·希尔费格（Tommy Hilfiger）橱窗展示
橘滋（Juicy）生活方式橱窗设计
托德斯（Tod's）橱窗设计（伦敦邦德街）。

图5-22 拉夫·劳伦儿童系列橱窗展示（伦敦）。

图5-23 普拉达·潘海利根（Penhaligon）橱窗设计。

图5-24

图5-24 塞尔弗里奇百货公司中梅森·马丁·马吉拉品牌的橱窗展示。
图5-25 塞尔弗里奇百货橱窗之一。
图5-26 马克·雅可布（Marc Jacobs）品牌中的橱窗展示。
图5-27 迪赛（Diesel）品牌橱窗展示。

色彩主题

以品牌颜色、商品、季节、主题、促销或活动为基础运用色彩板来设计橱窗方案。视觉营销橱窗概念常围绕一个主题展开，其中的色彩组合用来创造气氛。只采用一种颜色能创造强烈的展示效果，如图5-24中梅森·马丁·马吉拉（Maison Martin Margiela）品牌的全白主题橱窗。若使用多种颜色组合能对观看者产生情感和行为上的影响：一些颜色使人平静，而有些颜色则使人充满活力和热情。

传统文化主题

传统文化类的橱窗陈列与消费者的归属感和特定群体有关。例如，近几年来，英国伊丽莎白女王的钻婚庆典以及举办的伦敦奥运会纷纷被作为橱窗阵列主题。英国的品牌利用这些特殊的国家级事件来增加商品销售量，同时也对英国历史传统予以高度赞誉。有趣的是，品牌以不同的方式诠释着相同的视觉营销主题，在英国创造了多种多样的视觉景象。

图5-25

图 5–26

图 5–27

政治/效仿主题

社会风气、政治环境不会总是影响橱窗设计，但是由于信息的发展并在国际传播，视觉营销常以视觉效果表达通告、震撼、苦难和同情的情感。视觉营销可用来发表政治言论或反映当今问题，虽然强势品牌可以发表这种公共言论（很少品牌这么做），但是许多品牌还是会避免使用这种引起争议的做法。

最常见的是，时尚行业被视为效仿本身，常刻意地使用轻浮且极易引发情绪的方案来影响观看者。以马克・雅可布（Marc Jacobs）的橱窗设计为例，它反映了纽约证券交易所的低迷期，因此我们也能看到经济状况对时尚消费产生的巨大影响，迫使消费者紧缩开支以度过2009年早期的经济衰退期。

促销主题

价格导向在任何行业都非常重要。在店铺橱窗中使用价格点来促销商品是最直接也是最简单的技巧。营销活动的组合，与外部产业的合作，以及一个强势的视觉营销主题，都能用来大肆宣传一个品牌或商品。促销策略增强了“销售之旅”，同时也强化了品牌形象和特征。

最常见的促销活动是发布新产品（比如香水或新产品系列），场景橱窗（运用橱窗中的人物来使人产生兴趣和刺激），媒体橱窗（使用屏幕或投影仪放映时装秀剪辑），以及有大幅明星照片图像的广告宣传。

平面图像主题

毫无疑问，平面图像主题是最节省成本，而且不需要时常维修的主题类型之一。这是一种有效的宣传形式，尤其是从远处观看时，因为图片能不均衡分布以创造视觉效果从而吸引大量人群。印刷于不同材料和物体上的平面图像可衬托橱窗空间，乙烯基窗口或贴花能协调所有类型的橱窗设计方案。品牌标志一般通过图像展示进行传递。大号或特大号的道具常用强化信息，这种信息能支持特定商品的质量或仅用于凸显目前的促销或季节性促销活动。

图5-28

图5-29

图5-30

图5-28 库尔特·盖格（Kurt Geiger）的橱窗。
图5-29 匡威（Converse）的橱窗。
图5-30 阿迪达斯（Adidas）的橱窗。
图5-31 塞尔弗里奇百货公司中的安雅·希德玛芝（Anya Hindmarch）的橱窗。
图5-32 贝达弗（Belstaff）的橱窗。

图5-31

电子动画主题

随着数字媒体越来越成熟，电子动画和动画制作的时间似乎并不多了。在橱窗中可以使用电动机来创建转台、振动和标引（停止和开始控制），但全世界只有少数传统品牌这么做。虽然机械动画展示在视觉营销中运用得比较广泛，但电子和机械工艺的混合使用也是动画橱窗设计中的一种流行方法。

图5-32

数字媒体主题

数字技术的应用在零售环境中已成为越来越流行的媒介形式。数码技术的应用范围包括投影、电脑和电视屏幕、虚拟和3D硬件等，这些都可用来在虚拟实境或扩增实境中展示商品图像和信息（具体参见第六章）。在向顾客展示商品时，数字媒体展示了科技的进步和创新。数字技术的应用如今越来越流行，店铺外的大型荧光屏能投影品牌的最新时装秀，而互动技术又使我们个人拍照的图像以电子邮件的形式发给朋友。然而，必须牢记的是，媒体本身处于不断改变和更新中，而品牌必须跟上它的变化步伐。

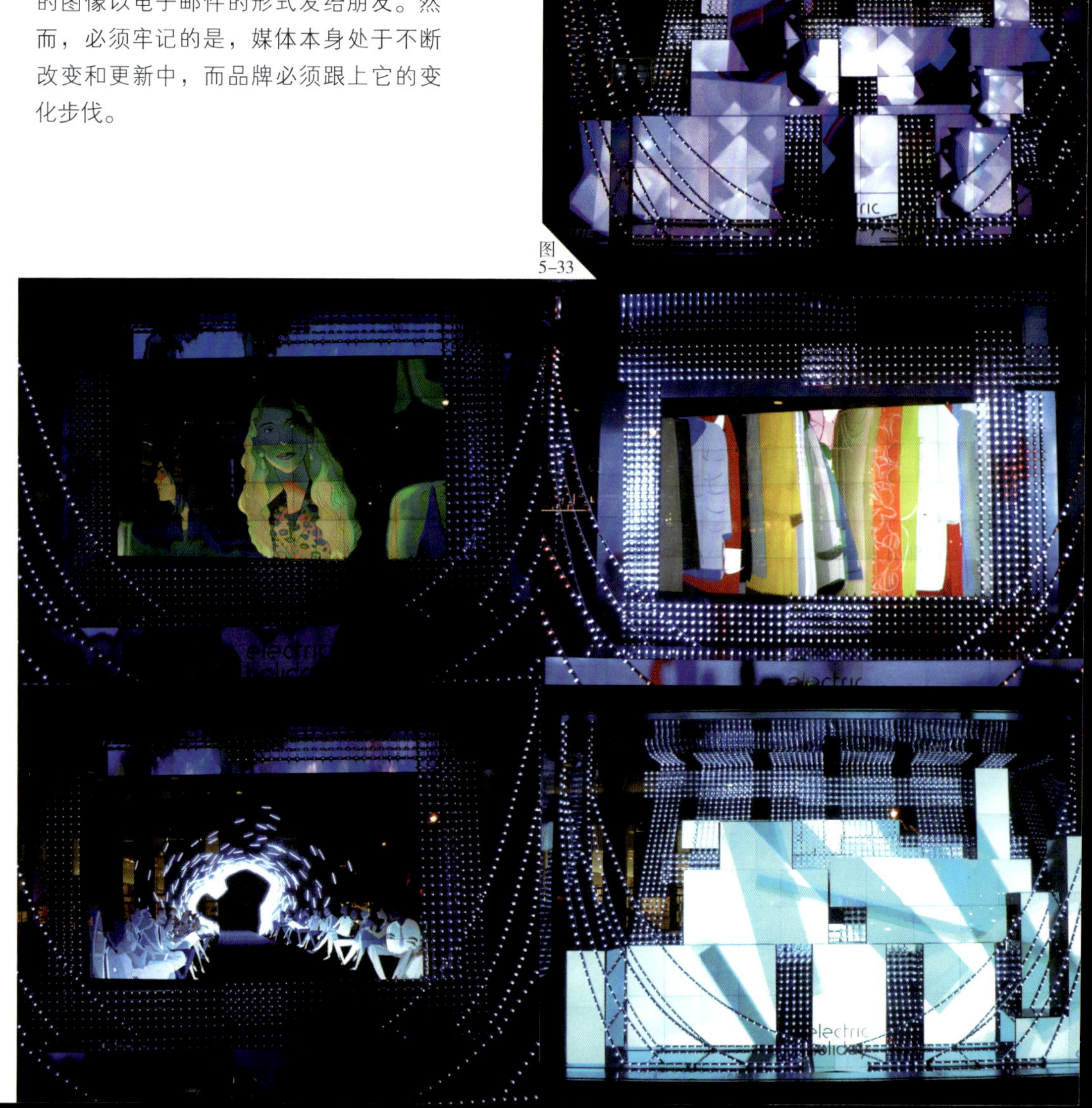

图5-33

以幽默为导向的主题

使我们觉得有趣的是文化间的相互联系，在一种文化中被认为是有趣的东西可能会触犯另一种文化，因此视觉营销师必须意识到这点，并据此开展工作。在英国，幽默常作为定义一个品牌的关键因素。冷幽默，有趣的场景，以及对固定模式的玩笑令人心情愉悦，以此吸引经过橱窗的顾客。幽默的橱窗方案常使用最简单的道具或通过控制人体模型的肢体语言和外形来表现，从而能引起观者积极的回应和讨论。

性主题

具有挑逗性的方案也许会产生负面影响，但同时也能吸引人们的注意。品牌需要知道什么样的程度能引起负面影响。但是一般而言，不过分的性主题可用于视觉营销过程，它能取悦顾客且制造一种轻松愉快的氛围。对文化环境的敏感当然是要考虑进去的，有些文化风俗觉得这种主题具有冒犯性，应当避免。

图 5-34 图 5-35 图 5-36

图5-33 巴尼斯（Bameys）的橱窗（纽约）。
图5-34 塞尔弗里奇百货公司的橱窗。
图5-35 英国内衣品牌大内密探的橱窗（Agent Provocateur）。
图5-36 维多利亚的秘密（Victoria's Secret）的橱窗。

图 5-37

图 5-38

时尚主题

时尚前沿品牌入驻的大型商场，如百货商场或“品牌屋”，主要以喜欢最新时尚潮流的消费者为目标顾客。这往往体现在店铺场地、橱窗广告和营销活动中，形成了“顾客之旅”的最后一个环节。这些橱窗设计体现了品牌的高端大气，通常应用于当代顶级设计师品牌和时尚品牌聚集的购物中心，使观者产生兴奋感。橱窗中的服饰是对日常生活中服装的一种夸张展示，旨在与普通品牌形成差异化并吸引消费者。作为一名视觉营销师，重要的是要对时尚零售界不同市场层级进行评估和分类，从而根据市场层级来展示商品。总之，基于时尚的橱窗展示可以用来强调特定设计师系列商品、时尚潮流或者季节性商品。

产品导向主题

倾向于使用以产品导向为方案的品牌，往往是一种特定商品的代名词，并且会以这个特定产品的开发和设计整个方案或主题故事。以耐克（Nike）为例，耐克以通过橱窗表现商品全面性和它的“冠军队”口号而闻名。商品在这种大型橱窗中常处于中心位置，信息的字样是大字粗体，言辞坚定。顾客会被商品的强大魅力所打动，使耐克品牌成了运动商品中的领导者。

图 5-39

图5-40

设计主题

对当代设计进行定义是很困难的，因为它在不断地发生变化。在橱窗设计中常使用的主题范围可涉及历史事件、流派以及特殊商品。设计没有好坏之分，它是对个人的表达，而且对它的阐释也是开放性的。橱窗设计方案的关键在于突出品牌的差异化，而通过设计可做到这一点。

文字主题

字体设计艺术（包括字体、字号、颜色等的设计）正在时尚界涌现一股热潮。在视觉营销环境中，字体设计经常被作为装饰和背景的一部分，用来提供信息和展示特色。字体设计所应用的道具不受拘束，可进行任意装饰，它可为橱窗设计方案增添立体感。正如我们所见，文字可以在各类表层和空间平面内使用。橱窗中的解说性文字在道具上的使用已司空见惯。使用道具能改变文字展示的焦点，它们不仅是整体结构的一部分，而且也是非传统设计中的主要焦点，在某些情况下文字甚至可以脱离商品本身而单独出现在橱窗中。

图5-41

图5-37　Gap品牌店铺中的一个以产品为导向的橱窗设计（伦敦）。
图5-38　麦克奎恩（McQueen）店铺中的一个以时尚产品为导向的橱窗设计（伦敦）。
图5-39　哈维·尼克斯（Harvey Nichols）的橱窗。
图5-40　Nourison旗舰店的橱窗（纽约）。
图5-41　海尔姆特·朗（Helmut Lang）品牌店铺的橱窗设计（纽约）。

复古主题

随着网上购物的兴起，全球购物网站数量不断增加，这导致销售古董服饰的实体店铺数量的急剧下降。一些品牌正采取一切措施：他们允许顾客触摸并试穿店内所售商品。如果想要淘货的话，市场是个好去处。许多视觉营销师在这些市场中寻找视觉营销道具，同时这里也是确定未来趋势的极佳场所。复古或古老的道具给视觉营销方案添加了与众不同且令人惊喜的元素。

照明主题

灯光可作为一个视觉营销方案的焦点。一些品牌常在橱窗和店铺中安装照明灯箱，通过橱窗可以将品牌标志或简单的店铺标志传递给顾客。值得注意的是，这种照明设备，特别是在封闭空间的霓虹灯，在某些国家可能有健康或安全警示，因此在委托制作设备时应当先征求意见。

以故事叙述为主题

叙述是讲述故事的一种形式。最好是按橱窗的先后顺序来讲述故事，故事的章节可通过转换橱窗来间断。可以说2012年纽约罗德与泰勒百货（Lord and Taylor）的圣诞节主题橱窗是故事叙述主题方案的一个完美案例：这个主题是基于一个微型的虚构世界展开，描述了一幅魔幻版的冬景。每个橱窗的景象都相互连接，观者好像在阅读一本故事书一般被其深深迷住。

图5-42

图5-43

图5-44

图5-45

图5-46

促销主题

大减价或清仓处理是零售业所要经历的必要阶段，每年至少有两次重大减价处理或小型促销活动。有史以来，红色一直是一种与促销关联的颜色，然而，如今随着视觉营销观念的延伸，品牌已不只是在店铺橱窗中是挂红色横幅，它们尝试用普通的红白颜色组合成促销图形，以吸引新的更年轻的顾客群的注意。

图5-42 ABC的橱窗（纽约）。
图5-43 路易·威登的橱窗（伦敦）。
图5-44 卡尔文·克莱恩（Calvin Klein）的橱窗（伦敦）。
图5-45 德诗高（Desigual）的橱窗（伦敦）。
图5-46 埃斯普利特（ESPRIT）的橱窗（伦敦）。

图5-47

图5-48

可持续性主题

某些零售商将可持续性贯穿在它们的品牌简介和产品中，进而推广到店铺中以传达品牌的特质和本性。可持续性橱窗主题如今仍不常见，但英国塞尔弗里奇百货公司（Selfridges）的海洋项目是个很好的例子，它试图以一种幽默的方式来告知并教育消费者进行可持续鱼类养殖。

慈善主题

如今与慈善相关的时尚品牌越来越普遍，零售商们通过与慈善机构合作以筹集资金并提高品牌影响力。以“水族生活（Aqua For Life）”项目为例，它是由乔治·阿玛尼的寄情香水与国际绿十字会（Green Gross International）共同组建的，意在提升为儿童提供净水的认知度并筹集资金。欧莱雅（L'Oreal）提供元素并设计、制作它在哈罗德百货中的促销场所和橱窗展示。在制作主题时，他们结合使用有纹理的有机玻璃和照明部件，配合干净、光滑的白色装置来创造水润的效果。

图5-47 Anthropologie的橱窗（伦敦）。
图5-48 安妮·若汀（Anne Fontaine）的橱窗（伦敦）。
图5-49 GANT的橱窗（伦敦）。
图5-50 德诗高（Desigual）的钻石庆典活动的橱窗展示（伦敦）。

真人秀橱窗主题

零售商在店铺内使用真人模特进行营销活动已至少有一百多年的历史了。从传统意义上来讲，在百货店中让模特试穿商品的目的是向顾客推销产品，如今看来更是国际品牌促销活动的一种表现方式，如Gant品牌。从巴黎的老佛爷百货和伦敦的弗雷泽百货到其他特殊零售商如Lush，这些高端零售商都采用了这种促销方式，从外引进或从内引出真人模特，来使顾客产生兴趣并吸引过往人群的注意力。

作为伦敦时装周的一部分，H&M品牌举办了一场盛大活动，以顾客和路人为模特进行真人时尚摄影。橱窗的作用更多的是为了现场传递品牌体验，也就是即使顾客没买任何东西，也给予他们一种购物体验。

图5-49

图5-50

采访：克里斯托夫·冯·斯塔斯（Kristofj Von Strass），Beyond Retro品牌

克里斯托夫·冯·斯塔斯（Kristofj Von Strass）是古董服饰品牌Beyond Retro的视觉营销负责人。他的工作主要是监管公司在伦敦的三间店铺以及在布莱顿店铺中所有视觉营销工作。他同视觉营销团队和产品部门合作创建了品牌视觉陈列的原则，并负责店内的展示空间的设计。

Q 谈谈你的职业背景以及你如何走进这个行业的？

A 我在布鲁塞尔La Cambre学院学习美术和摄影。我在伦敦做一个时尚摄影师助理时，同时也在古董服饰品牌Beyond Retro做店内助理。我抓住每一个机会来帮助店铺进行陈列展示。当视觉营销师的职位空缺时，我立刻申请了这个职位。对商品、顾客和品牌的了解帮助我成功申请到了该职位。

Q 你的品牌标志是什么？

A Beyond Retro品牌很有摇滚范儿。我们每隔一个月改变一次陈列布局，尽管像其他零售商一样围绕着潮流和主题来变换陈列位置，但我们并不按产品系列来陈列商品。公众对于古董的认知是不断发展的，我们想展示出古董服饰的全部潜质，使其更现代化的同时又创造一个属于它的夸张且难忘的故事。

Q 一个新产品系列的视觉营销方案是如何开发的？

A 这通常是在时装周后开始进行。由产品部门分析潮流趋势并且挑选出与顾客相关的产品。我需要确保视觉营销方案的主题符合新一季产品系列的风格。我有一个包含各种灵感元素的文件夹（时尚社论、电影、电视剧、展览），从中我可以找到灵感并应用到方案中。

Q 你们的道具从何而来，如何获得寻找道具的灵感？

A 我们常使用回收材料自己制作道具。这不仅仅是为了节约成本，也是我们乐于做的事情。我们喜欢回收旧服装用作道具，因为这么做能衬托我们的服装品牌理念。在“复古风潮”主题陈列展示中，我们用回收的工作服和羊毛围巾制作真人大小的狮子狗。这些道具有效地展示了我们将在冬季推出的复古毛衣、羊毛裙和丝质头巾。

Q 相对其他二手店铺、古董服饰品牌甚至慈善商店，你如何定义Beyond Retro品牌视觉营销？

A 我们每四周变换一次陈列布置，这在古董服饰品牌中不多见。虽然陈列展示主要基于主题和潮流趋势，但我们会定期分析销售以重新评析店内商品的摆放位置。置于前端展示的商品必须相互搭配，这样能促进消费者购买。古董服饰既是人们衣柜中不可或缺的一部分，又是商业街的潮流，所以我们必须首先了解顾客的需求。

Q 在陈列展示方案的开发过程中，可持续性很重要吗？

A Beyond Retro品牌完全符合可持续性时尚的定位。这在我们品牌的每个方面都体现得淋漓尽致，尤其是在陈列展示中，因为我们时常将回收物组成道具且以一种动态有趣的方式对旧服装进行再利用。我们想鼓励消费者购买古董服装并发挥他们的想象力进行搭配或改造，而不是从头到脚按照固有模式穿搭。

Q 在你的工作中数字媒体是否越来越重要？

A 现在我们比以前更快的接触到信息，这点非常重要。像Style.com这样的网站非常好，因为我们能同步观看时装秀。从品牌的角度来看，数字媒体和内容分享帮助品牌提高了知名度，同时也为那些不能亲临店铺的人创造了店铺氛围。

Q 在创建和传递整个视觉营销方案过程中，最大的困难是什么？

A 第一个挑战是找到合适的商品来支持我们的设计理念。在深入开发一个创意前，我们必须先考虑商品的供应和道具。我们资金有限，但我们喜欢迫使自己想出简单但又有效的创造性的方法。第二个困难是如何将我的想法传达给我的团队。我们的时间很紧迫，所以不允许我们犯错误或重新来过。

Q 你如何衡量视觉营销工作对销售的影响？

A 在制作主题过程中或之后，我们会监控销售并估量它是否成功。如果顾客购买的服装和主题完全不相关，那么我们就需要考虑该如何去改善这个主题。由于我们并没有产品系列，所以Beyond品牌的视觉营销旨在创造一个顾客会相信的故事。销售并不是完全依赖于商品陈列展示，但如果相应的商品类别销售量很高，那么就可以说陈列布置有助于促进商品销售了。

请描述你典型的一天。

A 我一天大部分时间都在进行产品陈列工作，但是我也时常和各个部门以及店铺经理联络。经常有新项目和需要视觉营销团队参与的工作，因此我们都非常忙。某一天你可能忙于组织活动，第二天你可能就在筹备着展示一个刚到店的新产品系列或者甚至为品牌官网拍摄宣传视频。我经常游走于品牌的所有店铺之间，以此来确保店内视觉效果和陈列布局均处于良好状态。

Q **实施一个视觉营销新方案需要多长时间？**

A 我们至少会提前六个月进行计划。在我们将方案提交到产品和印刷部门以确定提交时间、产品系列及印刷日程和主要促销活动之后，我会再创造一个预览情绪板，同时视觉营销团队开始寻找道具并创建内容。

当你看到自己设计的视觉营销方案完美地呈现在店铺橱窗中或店铺空间内时，你会有怎样的感觉？

A 感觉特别棒，就像我们创造了一个电影情景一样！对于我而言，每一个细节都很重要，服装和道具、放置人体模型的方式、布置空间的方式等。只有将各个方面都做到位，才能有机会让人们走进品牌的世界并能很好地理解品牌所要讲述的故事内容。

采访：索尼娅·斯通（Sonya Storm），DZD公司，英国伦敦

索尼娅·斯通（Sonya Storm）是DZD的创意总监，并且在公司已经工作了14年。DZD是英国最大的为零售市场提供圣诞节装饰品和季节性零售展示道具的供应商。Sonya负责监管产品采购和开发。

DZD在福特纳姆和梅森百货公司（Fortnum and Mason）的中庭的展示（伦敦皮卡迪利大街）。

Q 为什么你选择设计、生产陈列道具和陈列品？

A 最初我为大型零售商（百货店）工作，我时常会收到公司对陈列道具和装备的需要，但从来不知道它们从何而来。随着职业生涯的发展，我开始热衷于寻求陈列道具的供货来源，并且意识到这是我喜欢做的事情。作为初级视觉营销师，我们常按照指示放置陈列道具、人体模型和陈列设备，但我想成为那个发布指示的决定者并在强化品牌形象上有所作为。

Q 一个新产品系列方案的开发是从哪里开始的？

A 一个新产品系列可能源于顾客对某类特定产品的需要，或者是我们在诸如设计杂志或产品展中所看到的图像。我们首先会画出想法，再将草图寄送到我们想与其合作的一系列工厂去。

Q 你如何决定生产什么样的产品的？

A 我们时常在陈列室里测试潜在产品，并通过和顾客的对话来估测他们的兴趣和回应，其中包括询问他们对价格的看法，觉得是否合适；商品的形状也在被了解中，商品是更符合实际一点好呢还是更夸张一点好呢……这种和顾客的交流大概一年两次，每次差不多涉及10～15件商品。

Q 通常，是什么或者是谁影响主打元素？

A 杂志和时尚是我们工作的主要影响者，我们至少提前一年开始密切关注主打元素的动向。

Q 在你决定生产什么产品的过程中，调研、开发、试验是很重要的吗？

A 调研、开发、试验对于我们公司来说特别重要，而且我们会提前开始工作。我们必须考虑产品为谁而生产，并进行产品测试来了解产品是否需要电力驱动，是否需要制成不同的颜色等。我们所有的产品都有样品，大批量生产前需要规定产品的不同尺寸规格并思考这些产品为谁而生产。

有时候，我们个人不是特别喜欢的产品却会得到客户青睐，所以在生产过程中，我们应当考虑到这种情况。我们知道每个人看待事物的视角有所不同，因此客户可能也会如此。所以我们应尽量满足客户的这种需求。当我们在远东地区制作产品时，我们会在一个房间里陈列出所有产品，以便对各个系列有整体了解，并且预测出哪些产品会畅销，进而挑选出其中的四分之一推荐给客户。

Q 为了配合产品展示，你会生产哪种主题和材质的装饰物？

A 我们为每个季度生产不同材质和主题的装饰物，举个例子，春季装饰物为纸质的花和蝴蝶，夏季的装饰物是以布料为材质的蓝天、云朵以及棒棒糖，秋季的装饰物木质纸，直到圣诞节再变成圣诞树和一些装饰物。因此可以将我们生产的产品与这些装饰物合在一起以支持季节性主题。

Q 你如何看待你在工作中的成功？

A 我认为最关键的就是常听取客户的意见并多观察我们周围发生的事情。我们要和自己的客户建立牢固的关系，而且会尽全力去维持这种关系。

Q **你们和哪类客户合作？他们都来自零售业吗？**

A 我们和各种各样的客户合作。我们的客户或者潜在客户可来自零售业、杂志、电影和电视业甚至整个世界。

Q **数字媒体在你的产品生产及后期推广过程中重要吗？**

A 数字媒体对我们越来越重要，我们使用了大量社交媒体来推广产品，但是我们自己不制作数字媒体制作的产品。我们发现，我们所生产的产品在大众媒体中随处可见，如电影和照片拍摄中使用的道具，同时在杂志或电视中我们也常常看到自己的产品。

Q **在创建和传达整个展示方案时，最大的困难是什么？**

A 主要的困难是时间安排和预算。我们在远东地区制作产品，因为还要将产品从那么远的地方运回，所以时间安排必然会十分紧凑。

Q **你喜欢视觉营销中的哪项具体工作？**

A 视觉营销工作的种类可谓惊人。这是个压力大又要求高的行业。所有的事情都需要考虑许多细节。我们必须确保自己已经考虑到了所有的事情，并确保交付的产品完全符合客户的要求。我们没有典型的一天，因为每天总会有新产品需要生产、开发并交付使用。

图 6-1

6

第六章 视觉营销的未来

本章探讨视觉营销的未来和视觉营销领域的一些主要创新，比如持续性、新技术和国际化。通过不太传统的平台来考察持续变化的消费者需求，如新零售概念、虚拟与和现实、市场发展和视觉营销行业的进一步发展。

图6-1　视觉营销Mac旗舰店的数字展示（纽约）。

购物趋势和变革

全渠道零售是一种通过多种渠道服务消费者的零售新形态，它将现代零售带入了一个“新世界”。消费者希望通过不同的形式与品牌建立联系，包括实体环境、虚拟数字环境。如今在与消费者交流中数字媒体占据主导地位，但零售业中最关键的因素是实体店与网上购物的一致性，消费者希望在店铺试穿和购买商品的同时也能在网上挑选并购买到相同商品。所以，对实体环境和虚拟数字环境的营销必须保持一致才能产生巨大影响。

视觉营销零售新概念

在店铺内，零售商们以娱乐、诱惑、教育和服务的方式来传递一个品牌或一种生活方式。这种策略是在开发一种理想生活方式的理念，正因如此，零售空间必须成为一个鼓舞人心的环境且能吸引消费者愿意待在其中。

新店铺会在各种不同层面吸引消费者。例如，百货商店可能会制造一些特殊社交场所，如理发店、鸡尾酒吧或供顾客休息的场所。这种策略延迟了顾客离开百货商店的时间，使他们逛得更久从而花费更多。无论零售业态是什么形式，不管是临时销售场所、奢侈品店还是折扣店，都应该努力给予顾客无法忘怀的购物体验。

图 6-2

游击概念店

临时商店能以各种形式呈现，如帐篷、大篷车以及大型百货商场的临时展位。阿迪达斯鞋店是创新性视觉品牌定位的一个优秀范例。它显眼的蓝色条纹标识和大规模的店铺数量为顾客提供了较好的购物体验。网络零售商如易贝（eBay），通过在实体渠道开设游击店试卖产品。易贝游击店的理念是陈列出一组精选的、有高度评价的、卖家的商品，这些商品可通过移动设备（智能机或平板电脑）在易贝网上购买。在伦敦东区Box park的耐克加油站成了利用数字化店铺业态售卖商品的典型代表。耐克加油站位于一个由集装箱改造的临时购物中心内，旨在实体店为顾客营造一种创新性的数字化购物体验。体感LED墙面、数字化跑步机和互动触摸屏都在这个盒子状的店铺中呈现。

视觉营销趋势：它们从哪里来？

保持视觉营销新趋势和新产品的领先地位至关重要。做到这点的一个简单方法就是参观重要视觉营销展或内部展会，比如杜塞尔多夫零售业展览会（Euroshop）、南非约翰内斯堡家具展（Decorex）、伦敦百分之百设计展（100% Design）、上海服装服饰展（Mode）以及小型工艺博览会中的小群体展，如米兰家具展（Designers' Block）等。

每一季的趋势预测都会提前几个月进行，预测公司在色彩、材料质地、人体模型的形状和创新、技术上向大众传达灵感。趋势预测中常包括同时代流行元素的复兴。由视觉营销师来决定是否接受这些流行元素的复兴或是否诠释这个信息。

涓流理论、泛流理论和泡沫理论探索了流行趋势出现的方式，以及流行趋势如何在不同层面同时被采用。

涓流理论

涓流理论涉及一个原则，即时尚从结构等级的顶端开始向低端阶层缓慢扩散。时尚影响力主要是由差异化和模仿带动，来源于奢侈品时尚、T台秀和独家新闻以及全球性趋势。流行趋势是由时尚领导者和能买得起设计的消费者一同设定的，且由于媒体的推动使它处于高度显眼的位置从而促进主要样式的销售。从视觉营销的角度来看，这个理论可被这种视觉营销师采用，他们与路易・威登、哈罗德、波道夫・古德曼和拉尔夫・劳伦这样的品牌合作，通过对旗舰店的设计和夸张独特的视觉营销来设定高端视觉营销流行趋势。

图6-2 位于伦敦东区的Box Park是一个零售商业区，它是由集装箱改造而成的游击店。

图6-3

泛流理论

泛流效应诠释了时尚潮流如何在社会各阶层中扩散以被大众市场所接受。与涓流理论和泡沫理论相比，泛流效应使大众接受一个方案基本没有时滞，流行传播到大众市场的速度也很快。款式和流行在奢侈品市场、中间市场和价值市场层面的连锁店中均可适用。数码和网络媒体通讯加剧了泛流效应，使零售商能对消费者需求做出快速反应，且能同时跨越不同层面来演绎流行的含义。

然而，泛流效应并不一直适用。2012年，美国高级折扣零售商品牌塔吉特（Target）和奢侈品百货连锁店尼曼（Neiman Marcus）合作开发节日系列产品。它们同时销售此产品却以失败告终，原因是没有吸引到大众市场中的各类顾客，且过度偏离了品牌形象。塔吉特是因“堆得高，卖得便宜”而闻名，但尼曼则把目标消费者定位于高端贵族，由于这两者不能联系在一起，因此销售以失败告终。

图6-4

逆流理论

逆流效应是从社会底层发展而来的时尚潮流概念。可可·香奈儿（Coco Chanel）认为时尚领导者应从女性的生活方式和需求中开发流行趋势，这为时尚潮流由底层向大众市场的传递提供了理论支持。“街道潮流”常无包装且无标牌，中间市场的作用是将潮流转变成所有人都想要且可拥有的时尚，下一个级别则是从时尚达人中提取流行趋势。独立经营的店铺和品牌常处于城市中心，未被世界所熟知和认可，但它们恰恰促使了“草根潮流”的出现。

合作

时尚品牌一直不断和大人物合作，例如，瑞典品牌H&M与著名足球明星大卫·贝克汉姆（David Beckham）和时尚博主Susie Bubble建立合作关系。伦敦百货公司利伯蒂常与品牌和设计师们建立合作，在它们的产品上印上“Liberty”字样，比如品牌马汀博士（Dr. Martens）和高乐（Gola）。这种合作对消费者市场很有吸引力，能使顾客参与到品牌中并与品牌互动。

图6-3 高级时装市场的潮流演绎。
图6-4 概念数字橱窗的制作。

装置艺术

在零售设计中艺术家之间的合作一直都很流行，其中典型的例子如萨尔瓦多·达利（Salvodor Dali）、安迪·沃霍尔（Andy Warhol）和文森特·明奈利（Vincente Minnelli）三位艺术家的合作。由于经济衰退，越来越多的零售商在空余零售空间以创新和令人深思的装置陈列出一种独特的主题来吸引更多观者。艺术策展与视觉营销师在零售环境内陈列商品的方法很接近。

个性和定制

为使购物者有一个难忘的购物体验，个性化店铺的环境至关重要。纽约匡威店的店铺设计全力专注于客户的需求。对消费者来说，店内的购物体验完全是私有的，店内的服务包括顾客照片墙，定做靴上的标记和完全的定制服务。顾客还可以使用iPad来查询商品信息和供货情况。

图6-5　马修·威廉姆森（Matthew Williamson）同艺术家Kyle Bean的合作。

图6-6　在弗里茨·汉森店里的这个房间中，一名艺术家在店铺的橱窗展示区安家。

图6-5

图 6-6

科技和数字视觉营销

当我们进入21世纪，科技的进步，使我们的购物体验更快、更灵活、更广博、产生更多互动，最重要的是更具吸引力。这样的科技不仅带领我们走进虚拟世界，也增强了我们对真实世界的体验。

数字和真实世界的交叉混合向视觉营销师在店内展示商品提出了挑战。目前许多品牌案例证明越成功地应用电子装置就越不会失去橱窗主题传统的、可触及的性质特征。然而，一些店铺的陈列设备完全脱离了“身体接触”，使它们不可触及从而最终把观者和产品分离。

商业空间中的技术被广泛应用于不同的渠道，但它在视觉营销领域中尚未被充分使用。最终，技术应该简化购物体验从而促进销售。例如，电子销售系统、扫描仪和条形码，都支持管理和销售产品的功能，尽管它们未必能加强客户体验。

现代的时尚消费者善于应用新科技，消息灵通且人脉广，他们常常通过社会媒体发表自己的意见并给予产品反馈。报纸、杂志和广告牌不足以吸引他们的注意力。这些精通多媒体的顾客或数码一族轻而易举地从一种媒体转换到另一种媒体，所以一个品牌长存的关键是客户参与。

互动式数字视觉营销

互动式数字视觉营销应用于提供信息和品牌专属媒体，它结合了网上购物和实体零售店的优势。Perch technology是一个特别好的例子，它是由麻省理工学院媒体实验室毕业生和设计与科技公司Potion的创始人合作创办的，用来向零售商提供可增加销售量和活跃零售环境的工具。

实际应用包括以下方面：

- × 具有能吸引顾客的产品描述和技术说明。
- × 由先前购买过特定产品的顾客进行在线评论和评级，这有利于增强品牌的真实性和可靠性。
- × 通过社交媒体连接和反馈以促进长期互动。
- × 拍摄与现有的品牌活动相关的视觉图像，图像可用音效和动画作为支持。
- × 用灯光在零售空间内创造令人兴奋的焦点。
- × 对额外的潜在销售给予建议。
- × 手势跟踪，用于在投影空间内跟随顾客运动。
- × 用于产品标识。
- × 交互跟踪，以监测顾客互动的频率和类型，比如感兴趣的产品。

虚拟现实

虚拟现实技术是模拟实体存在的一种数字手段。虚拟现实的场景可以追溯到维多利亚时代的全景图像，即便那时处于低技术水平，因此这个穿行在超真实和立体空间的概念绝算不上是新概念。在视觉营销中，这种技术主要用于表现数字化并使观者穿行在一个模拟的计算机合成空间里。

模拟现实

模拟现实类似于虚拟现实，尽管它进一步模糊了真实的界限，但这些数字化的生产环境很难区分于真实环境。

扩增实境

目前，增强现实技术在视觉营销中是一个交互式工具。它使顾客“试穿”产品而不用去试衣间脱衣。虚拟镜像是增强现实技术的一个很好的例子。

扩增虚境

扩增虚境在商业界尚未得到广泛应用，它是有实物的虚拟空间的合成，如设备、人体模型等。它为零售商提供了可能，即将真实产品放入虚拟商店的机会。

虚拟实境

在虚拟实境中头像是真实的人或连接到在线用户的模拟的图形、图像。它并没有在零售业中广泛使用，但常用于计算机的游戏中，而不在商业中应用。

介导现实

越来越多的零售商在智能手机的应用程序中使用介导现实来影响顾客。它包括用电脑合成的图像在视觉上增强实体环境：StreetFinder可能是目前应用此技术最好的例子。

多模式输入

多模式输入最著名的应用是有语音识别的电脑键盘和鼠标的组合，它增加了客户的使用量和访问量，特别是那些有视觉或听力障碍的顾客。

虚实统一体

虚实统一体更为普遍地被称为混合现实，其包括扩增实境、扩增虚境和虚拟现实。虽然关于其在视觉营销中的潜在用途目前很少有研究，但它可应用于产品植入、广告或者简单的品牌认知。

模拟现实的体验

模拟现实的体验指的是通过身临其境的技术模拟本身的或可能存在的现实生活。如模拟驾驶技术，可以使参与者不必在真实的道路上学习驾驶车辆。

动态技术墙

将某建筑墙作为元素，被设计成为数字墙。

数字地板和楼梯

路易·威登伦敦旗舰店以闪烁的光和动画楼梯为特色，它可以显示动态图像。一些购物中心，例如迪拜的某商场中设有数字地板，当它们不作为主要通道使用时可对折成T台。

购物应用程序

哈罗德百货公司有一个店内购物应用程序，可帮助顾客浏览大量的奢侈品。通过扫描图像很容易下载该应用程序，并且应用程序可指引顾客到达他们的目的地。此应用程序对外国游客来说也是一个理想的工具，他们可选择任何语言来使用导航和通信功能。

图6-7

数字音响

数字音响技术可使任何固体表面都成为扬声器。零售橱窗扬声器和互动系统能用于展示如照片、视频、产品细节、社会媒体和在同一“视觉”内的用户评论等数字内容。英国Feonic公司开发了一种被称为“看不见的音频”的技术，其通过将扬声器与玻璃、木材、石膏板或金属等共振材料连接，将优质音频输出。

Feonic公司与Heals品牌合作了一款互动性橱窗活动，叫作“耳语橱窗”，此装置以标志性的电影片段为特色，如《乱世佳人》《卡萨布兰卡》和《猫和老鼠》。音频技术用于将橱窗转换成扬声器，使其声音均匀分布在整个窗口表面，让不管行走在店内还是店外的顾客都能够听到这部电影的声音。

图6-7　Heals品牌的耳语橱窗（伦敦）。

视觉广播系统

通过数字屏幕与顾客沟通对视觉营销师而言是一种有效的方法：它使营销活动充满活力并积极向上而不是处于静态。其中的内容需要频繁更换，因此增加了零售商的年度预算，但这在某些情况下非常重要，它的优势在于其内容可以在多个店铺之间实现共享。

虚拟镜像

虚拟或“魔法”镜像是世界各地零售商使用的一种增强技术的形式。数字屏幕使顾客能通过手势直接搜索产品系列并进行虚拟试穿。计算机识别顾客身体尺寸和性别来挑选匹配他们体型的衣服。顾客试穿商品的图像可以在屏幕上观看。这种技术为时间紧的顾客提供了一个快速且容易的解决方法。虚拟镜像能帮助一个品牌传播其最新的活动，同时也能吸引过往人群。它的局限就是图片看起来很平坦，而且是二维的，然而随着技术更加成熟，三维视图将在不久后面世。

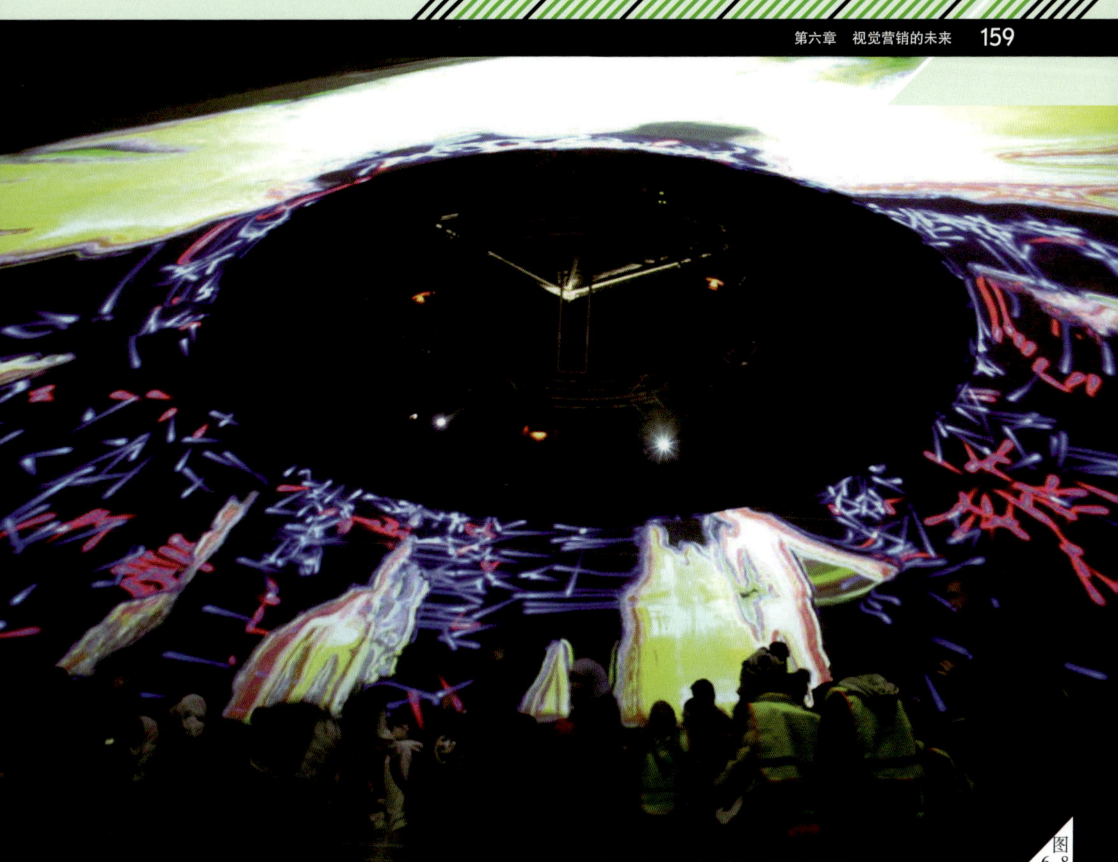

图6-8

身临其境的360°投影

到目前为止身临其境的360°投影主要用于文化和表演艺术中，但英国Igloo Vision公司将此技术商业化并将观众传送到一个假想目的地或虚拟环境中。这项技术已被用于企业活动、军事应用、文化活动及节日和紧急服务中了，在零售业中也必定有潜在的应用价值。

数字衣架

数字衣架中含有一个芯片，当顾客将商品从衣架上拿下来时它能激活屏幕，这时屏幕会呈现出可与其搭配穿着的其他服装。这种技术为视觉营销中的装备建设带来了全新的意义。数字衣架也可以用来衡量商品的受欢迎程度，就像产品在Facebook上被点赞的次数那样。

图6-8　数字圆顶建筑投影显示屏。

图 6-9

图
6–10

数字人体模型

数字人体模型有助于商品销售，同时又不占用宝贵的销售空间。该技术包括图像投影，定期改变服装款式，并显示不同的组合搭配。意大利人体模型公司Almax创造了一个基于数字化的项目“Eyesee人体模型”。将内含分析软件的相机安装在人体模型头部，以用来追踪消费者行为并进行数据统计，比如某一天中的一段特定时间经过橱窗的人数等。

图6–9 在纽约拍摄的萨克斯的数字窗口。
图6–10 伦敦时装周中，Topshop品牌展示的数字橱窗。

可持续性

如今在时尚零售行业全球化的环境下，我们应当进一步促进可持续性在视觉营销中的应用。视觉营销，就其本质而言是动态的、特殊的、即时的，它促进创新，激发灵感并创造愿景。它也可以是无序的且不受控制的，如果使用不当它会毫无意义，甚至损害品牌形象。在当代社会，重要的是品牌能把视觉营销创新和对环境的关注相结合。这是在可持续市场中创造可持续性视觉营销的一个关键，同时它也必须能普遍适用于整个零售设计理念而不是孤立存在。

现代消费文化通过提供更好的生活方式已经解决了很多社会问题，但这也以牺牲环境为代价。视觉营销设计在提供可以处理这些问题的解决方案中发挥着独特的作用。对于某个品牌而言，只是简单地设计一个“绿色主题”或“生态窗口”，或用旧轮胎和回收纸制造道具是不够的，可持续性应当起步于最基层。在视觉营销过程中有多种资源被浪费。现在越来越多的消费者从环境影响和可持续性的角度来审查视觉营销和零售设计。可持续发展战略应该从视觉营销的设计阶段开始，包括店铺构建和建筑以及微视觉营销元素，比如陈列装置、人体模型和道具等。

图 6-11

可持续性视觉营销的检查表

- × 在视觉营销方案设计阶段提出使用可再利用、再生、可回收或生态的材料。
- × 适用于橱窗展示的主题能支持有关可持续性、绿色时尚或社会与企业责任的活动。
- × 调查展示材料和人体模型的来源，它们在哪里采购以及是如何生产的，确保供应商遵守可持续发展原则。
- × 从工人和劳动权利方面检查展示材料的生产。
- × 从交货和物流方面考虑原产地：视觉营销装置从生产地出发需要多远才能到达店铺目的地？
- × 检查照明灯具的使用情况和能量储存水平。
- × 确定视觉营销方案中的消费水平和浪费情况。
- × 在视觉营销和品牌活动中将可持续性作为公司的一部分责任。

贴近大自然的店铺设计

顾客更愿意处于有自然光和自然特征的环境中——这是人类的本性。青苔等植物可为特定区域隔音，甚至可以保持建筑物区域温暖。在店铺设计中使用自然元素，如植被墙，不仅可以起到美化的作用，植物还能提供氧气，降低噪音甚至平衡空气湿度。研究表明，植物或植被可以控制湿度并改善空气质量，特别是在不透气的环境中，如购物中心内的店铺。

图6-12

图6-11 哈维·尼克斯店铺中的家具回收方案。

图6-12 可持续时尚中H&M的Conscious系列产品（伦敦）。

再生、回收和改造

在视觉营销中使用天然物品是一种可持续的方法。世界充满了废弃品，我们可以用创造性的方式对其再利用。耐克推出了鞋子回收活动，回收的运动鞋可用于铺设跑道、篮球场或生产新产品。

改造或升级改造是对二手物品进行重造，以使它们具备其他用途，许多独立的时尚设计师已经采取了这种方法。美国品牌Anthropologie在创造性的视觉展示中升级改造回收物品，如茶包、纸杯、塑料瓶子和旧家居用品，使它们成为启发新视觉营销方案的基础——以至于顾客几乎无法辨认出它们原先的用途。

可持续性倡导者

可持续性倡导者负责回收活动，鼓励消费者进行可持续消费并用旧产品来以旧换新。英国玛莎百货发起了一项名为“Shwopping”的活动，目的是转售捐赠的玛莎旧服装来为慈善事业筹集资金而不是将它们丢入垃圾填埋场。现在所有的玛莎百货在一年四季都接受所有品牌的旧衣服，旨在英国繁华街道上创建一个可持续的“买一送一”文化。玛莎百货还与伦敦时装学院可持续时尚中心合作创办了Schwop实验室，这是英国第一个可持续时尚实验室，处于伦敦东部的核心地带。

图6-13 玛莎百货与乔安娜·林莉（Joanna Lumley）推行的Shwopping项目（伦敦）。

可持续人体模型

从20世纪中期开始，人们一直使用玻璃纤维等合成材料制作人体模型，但是它们不能被循环利用。然而，许多人体模型公司如今以更环保、更具可持续性的方式运作。曾获奖的La Rosa人体模型是世界上唯一一家在充分尊重环境和工人权利的条件下制造人体模型的公司。Almax推行“绿色橱窗”活动，据此活动，每一个购买人体模型的客户都可以免费将它们的旧人体模型带走。2009年，Cofrad开发了一种100%植物玻璃纤维的制造工艺，这是一种可持续性的生产方法。制作人体模型时，Cofrad也对用过的人体模型进行改造或在网络上转售，延长现有产品的使用期限就是在可持续道路上的更进一步。

图6-14 Cheshire Oaks是一家可持续发展的商店，它是玛莎百货“A计划”的一部分，致力于实践可持续的建筑。这个低碳型、材料创新商店取得了BREEAM优秀评级（世界上最重要的环境评估）。此建筑物的主要特色有木门和可回收的铝屋顶和植物墙。没有废物被送到垃圾掩埋场，并且店铺中25%的水都是通过雨水收集而来的。对顾客来往店铺线路的投资包含在可持续建设规划中，作为当地树木、植物和野生动物的保护。

图6-14

国际化

视觉风格和营销方法应该能适用于进入新国家或新市场的任何时尚品牌。对外貌的诠释，服装穿着方式的偏好甚至购物方式的选择，在世界各地都是不同的。一个品牌在延伸至国际市场时，保持品牌或视觉设计的优势和形象的关键是和本地人合作，适应当地人观察问题的心态，以及文化或社会差异。

图6-15

对于世界各地任何一个品牌而言，视觉指南和指示都必须达到正确的视觉营销标准。一家公司在其他国家推出时尚品牌的方式之一便是与特许经营商合作，它们往往可以很好地解读当地政策与消费所需。

中东

在迪拜，购物文化已深入到人们的日常生活中。无论是白天还是晚上顾客都可以在世界著名的大型商场购物，这里已成为全方位的休闲场所，不仅可以购物，还可以滑雪、看电影、乘船旅行、参观水族馆、滑冰、看烟火和过夜。迪拜购物中心于2008年开业，拥有超过1200个零售店铺，传统的露天集市就处于芬迪、迪奥、古弛和拉尔夫·劳伦等设计品牌旁边。

中东的贸易法律法规与全球其他地方有很大不同。对宣传和销售商品有很多的限制，这就意味着西方品牌需要符合当地许可规定才能交易，且每个州的规定都不同。销售时间并不总是与其他国家一致，这使商业和视觉策略过程更加复杂。

图6-15 中国、法国、迪拜的主要店铺特许经营商。

在沙特阿拉伯，商店对人体图像展示有严格的规定。店铺可以展示商品，但不能有身体的图像显示。为时尚品牌工作的视觉营销师在沙特阿拉伯面临着更大的难题，即不能使用人体模型或人体招贴展示商品，视觉营销方案必须转换成适合当地市场的宣传，以防触犯当地的贸易法规或冒犯当地的文化习俗。

文化场合

在菲律宾等国，圣诞节是一个全年庆祝的节日。顾客喜欢这里奢华的视觉营销和内部装饰。视觉营销师应当意识到这种文化偏好，在设计室内和窗口视觉营销方案时让方案能反映出顾客的心声并达到他们的期望。在美国，圣诞节对零售商来说也是一笔大生意，不管是当地人还是游客都会看到华丽的橱窗展示，它们能吸引过往人群，尤其是在纽约和芝加哥这样的城市。

二线市场

时尚品牌已开始向“二线”市场拓展，而不是那些大城市中被收购了的新兴商业区。远离最大或发展最快地区的小城镇或城市，正成为品牌扩张的新目标。

采访：布莱恩·梅萨罗斯（Bryan Meszaros），OpenEye公司

布莱恩·梅萨罗斯（Bryan Meszaros）是OpenEye公司的经理。OpenEye是一家数字媒体咨询公司，专门设计战略化的店内数码体验。

Q 你能讲讲在零售业你是怎样工作的吗？

A 我们帮助零售商更好地了解如何通过常用的视觉和互动技术与顾客联系沟通。我们指导他们利用最新的数字媒体来设计店内的体验，从而增加对顾客的吸引力。

Q 你是如何进入这个行业的？

A 自从大学毕业获得传媒艺术学位后，我一直从事数字媒体工作。当我进入这个行业时（户外数字媒体），对于设计层面我更加强调技术。客户希望通过更多创造性的方法在“氛围”以外使用视觉技术填补店内的空白。基于这一点，使我有兴趣去了解如何将技术视为设计元素应用于店铺环境中。

随之，我们的重点逐渐转向顾客参与，但是我们意识到通过荧幕来进行陈列展示仅仅只是解决方法的一部分。如何将技术应用到店铺环境中将最终决定其成功与否。

Q 你们将技术融入视觉营销的哪些部分？

A 每个品牌都试图通过讲述一个品牌故事来与自己的顾客建立一种可视化联系，希望由此带来一些交易。无论是移动互动或触控显示屏，顾客都期望在体验过程中进行互动。我认为这可以归结为利用视觉技术将体验或故事带入生活中。技术有助于更好地吸引消费者，让他们获得体验。

苹果公司首次在纽约SOHO旗舰店组建了一个大型数字展示屏。它被置于店铺前端，非常接近橱窗以此来吸引路人的注意，并且在这个角度可招来店内顾客注目。苹果公司将它更多地作为一种宣传手段，重现其生动的产品图片。随后巴黎和夏威夷的店铺也安装了同类型的展示屏幕。这种展示屏是由Nanolumens公司设计的。

Gilly Hicks品牌采用一种有趣的方法将其整个店面数字化，这使店铺非常有气氛并且吸引了顾客的注意。不是所有的店铺都要采用这种方法，但是Westfield Stratford百货是一个很好的例子。

Q **你是如何决定需要生产什么呢？**

A 当我们与品牌接触时，我们首先会了解他们的店内遇到了什么问题。是缺乏与消费者沟通，还是品牌价值下降，或是销售量下跌？从这些问题出发我们会为品种寻求一个解决方案。

Q **你如何决定应该整合什么样的新技术？**

A 我们着眼于消费者，他们是哪个层次的？他们对品牌的期望是什么？他们目前如何与品牌互动？是使用手机、iPad应用程序，还是社交媒体？一旦我们建立起消费者资料，我们就可以更好地了解什么样的技术元素可以补充他们现有的行为了。

Q **数字媒体是如何变得重要的，你对此的反应如何？**

A 最简单的答案是顾客希望在店内看到此技术并与其互动。因此对我们来说，更多的是帮助客户更好地了解什么是现今的流行趋势且如何利用这些趋势来满足他们的顾客日益增长的需求。

Q 在开发和应用支持陈列展示方案的技术过程中，最大的困难是什么？

A 技术存在着很多隐蔽性的问题，这是很多品牌没有考虑到的。

例如：

× 连接性——大多数品牌没有意识到，连接性对于向各种渠道提供信息的支持与应用都是很有必要的，无论是手机、数字标牌或者城际快车。

× 技术支持——就像房子的维修一样，需要有人做修理工作。

Q 你喜欢视觉营销工作中的哪个部分？

A 我喜欢视觉营销中的“故事叙述”。我喜欢用不是直接性广告的方法来与顾客交流。这需要能巧妙地应用创造力和技术技巧来解释为什么应该对这个品牌或产品感兴趣。

Q 描述你工作中典型的一天。

A 我喜欢“典型”这个词，每个人都有典型的一天吗？我在八点左右开始一天的工作，如果幸运的话能在午夜结束。通常我的一天从早上进行新闻搜索（零售业的最新情况）开始，随后在上午进行一个初步的讨论会议，下午则安排团队会议以及客户的集体讨论。

附录

调查实践

以下调查活动可以作为你开始实践的一个向导。调查实践是让你去观察你所光顾的店铺中视觉营销方案和陈列展示的情况。同时你也应该试着将自己的想法付诸实践——如何能将视觉营销方案做到与众不同？你认为这些视觉营销方案有没有效果？大概需要多少成本？起草你自己的方案并补充完善，然后思考如何去实施你的想法。

品牌意识

第一部分

思考你最近光顾过的最后一个店铺，且之前你从未在此店购物。

× 你为什么决定去那里?
× 你是否会被某个特定的广告宣传活动所影响?
× 当你走入店铺时你看到了什么?
× 店铺的外观是否会传递给你一些信息?
× 店面是否吸引人?信息量是否充足?
× 当你进入店铺时，光线的强度是否让你感到舒适?
× 你是否还记得某些特别的声音或者香味?
× 品牌是不是容易识别?
× 在光顾过程中什么给你留下了深刻的印象?

第二部分

注意以下橱窗布置中的因素：

× 橱窗的布置在视觉上是否具有吸引力?其传达出什么样的品牌或产品信息?
× 观察橱窗的角度和方向。
× 店铺中有多少个橱窗?
× 橱窗安装在哪个水平线上?
× 橱窗如何配合店铺的建筑结构?
× 标牌和品牌标志是否清晰可见?

橱窗分析

第一部分

拜访不同的零售商，确定某个特定季节的流行趋势：

× 颜色。
× 鞋类。
× 配饰。
× 材料。
× 新产品。

考虑这些趋势如何反映到橱窗方案里，哪些产品是今年新推出的？使用同一张表格，确定你所观察和拍摄过哪些品牌店铺，并列出其产品、颜色以及材料。

举例：

第二部分

通过观察橱窗中采用了哪种动态陈列形式，定期记录其中的图像和方案。观察并记录以下信息：

× 颜色的使用。
× 形状和样式的使用。
× 材料的使用。
× 光线的使用。

品牌名称	日期和图片	颜色趋势	产品材料	时尚/食品
名称	图像和日期			
名称	图像和日期			
名称	图像和日期			
名称	图像和日期			
名称	图像和日期			
名称	图像和日期			
名称	图像和日期			

视觉营销店铺评判

至少选择两个旗鼓相当的品牌店铺加以对比，进行以下评判：

店名；
店址；
商店左侧的建筑；
商店右侧的建筑；
商店对面的建筑；
光顾日期；
光顾次数；
竞争者。

外部设计和橱窗

× 整体建筑——建筑风格和时代。
× 招牌和店面。
× 企业形象。
× 入口和出口。
× 你在橱窗中第一个注意到的是什么？
× 橱窗的主要焦点是什么？
× 服装风格是什么？
× 传递给顾客的主要信息是什么？
× 整个橱窗的主题和方案是什么？
× 橱窗概念是什么？
× 橱窗是怎样传达品牌标识的？
× 产品是如何布置的？
× 人体模型的类型、姿势和组成。
× 描述道具。
× 描述产品。
× 照明（方向、气氛等）。
× 标准。
× 图案和销售终端。

店面布局

× 楼层数和入口。
× 不同楼层的商品种类。
× 如何将产品划分区域？
× 品类邻接是什么？
× 通过楼梯、电梯、出入口的客流量。
× 客户指引。
× 焦点。
× 暂停点。
× 顾客循环或“行走路线”。
× 产品密度。
× 截止点。
× 服务区。
× 客户服务和信息点。
× 试衣间。
× 围墙。

设计元素

× 整体氛围。
× 墙面处理。
× 地板处理。
× 天花板处理。
× 在商店设计中使用的材料。
× 颜色。
× 质地。
× 趋势。
× 照明。
× 温度。
× 音乐。
× 数字化应用。
× 室内标牌。
× 视觉传播。

装置和陈列材料

× 主要装置类型。
× 装置和家具使用的材料。
× 桌子。
× 人体模型。
× 道具和陈列辅助装置。
× 挂衣杆（放置横向和侧向的商品）。
× 货架（放置折叠的商品）。
× 独立式装置。
× 衣架。
× 产品陈列密度。
× 陈列协调度。
× 在陈列装置水平线上的陈列标牌。

产品

× 商品是如何展示的，例如色块陈列还是垂直陈列？
× 品牌和自主品牌。
× 可用的产品类别形式。
× 核心产品。
× 时尚产品。
× 产品信息传达。
× 品牌信息。
× 定价策略。
× 促销。
× 场外销售。
× 冲动销售。
× 产品创建的任何主要视觉外观。

图形和销售终端

× 价格在店内是如何传达的？
× 产品的特色和优势。
× 店内与顾客交流使用什么样的语言。
× 交流时的语调。
× 如何安装实施销售终端？
× 店铺指南和行走导向。
× 销售点终端材料。
× 路线图。
× 店内外的营销信息是否一致？

顾客

× 年龄层次。
× 顾客人数统计。
× 任何特殊的购物群体，顾客是独自购物还是同他人一起购物？
× 观察顾客在店内的平均停留时间。
× 顾客行为。
× 什么会吸引顾客去店内购买？
× 目标顾客是什么层次的人群？
× 从顾客的外表和穿着上看，他们是否适合这个品牌？

客户体验

× 如何引导顾客在店内穿行？
× 橱窗的陈列产品是否与实物一致？
× 店铺中的品牌信息是否一致？
× 使用五个关键词来概括你对所走访品牌店铺的观察评论。
× 当管理团队计划下一季的布置和陈列时，你会给他们提出五个什么样的建议？
× 你对于店铺的最终建议是什么？

可以使用照片或视觉资料来支持你的观点。

陈列装置

以视觉评判的形式记录在繁华街道看到的各类商品陈列装置。你必须事先得到店主允许才能在店内进行拍照。可使用以下表格作为你观察、拍照的记录。

品牌名称	销售类型	陈列装置类型	附加信息和图片

视觉研究

第一部分

参观一个你喜欢的展览，在你的速写本上记录以下问题：

× 在这次展览中什么给予你最大的启示？
× 以研究视觉营销的角度看展览，你看到了什么技术、款式、颜色、材料或影响力？

继续研究你感兴趣的某个区域或艺术家，调查与目前的视觉设计方案有关的内容，并阐述你将如何把你看到的内容应用到你的视觉设计项目中。

思考现存的创意和观点，将它们颠倒过来以创造不同的含义和工作方式。

第二部分

选择一个单词，通过思维导图和可视化手段对它进行全面研究。和其他同学一起比较并讨论其含义上的区别。这个单词的内涵和外延是什么？它们是如何被记录下来的？记录已探讨过的图像和插图的变化。它们存在哪些共同的主题和联系？是否有特殊的联系？探讨所有创作的可能性，从而对本课题有新的认识。

资讯

行业协会和联络协会

ARE–Association for Retail Environments
www.retailenvironments.org
零售环境协会

BREEAM–standard for best pracfice in sustainable building design
www.bream.org
可持续建筑设计最佳实践的评估标准

British Display Society
www.britishdisplaysociety.co.uk
英国展示协会

FSC–Forest Stewardship Council
www.ic.fsc.org
森林管理委员会

ISO–International Organization for Standardisation
www.iso.org
国际标准化组织

PAVE–The Planning & Visual Education Partnership
www.paveinfo.org
规划和视觉教育合作伙伴

VM & Display Directory
www.vmanddisplay.com
视觉营销及陈列展示相关目录

VMM–European Visual Marketing Merchandising Association
www.vmm.eu
欧洲视觉营销协会

搜索和期刊

A1 Lighting www.a1lightingmagazine.com
A1Retail www.a1retailmagazine.com
DDI在线www.ddionline.com
Dezeen Magazine www.dezeen.com
Drapers Record www.drapersonline.com
Emerald Insight www.emeraldinsight.com
Mintel www.mintel.com
Retail Design & Technology Magazine
www.rdtmagazine.co.uk
Retail Environments
www.retailenvironments–digital.org
Retail Focus Magazine www.retail–focus.co.uk
Retail Week www.retail–week.com
Retail Week Interiors www.retail–week.com
Style Guide Magazine www.style–guide.biz
VMSD Magazine www.vmsd.com
W.G.S.N www.wgsn.com

视觉营销展出和展览会

Retail Design Collective，美国纽约www.retail–designcollective.com
Euroshop，德国杜塞尔多夫www.euroshop–tradefair.com
Global Shop，美国www.globalshop.org
IDW–视觉营销和陈列展会，英国伦敦www.vmanddisplay.com

有关设计、流行趋势的展会和内部展会

100% Design，英国www.100percentdesign.co.uk
Bread & Butter，德国柏林www.breadandbutter.com
Decorex，英国伦敦www.decorex.com
Interiors LDN，英国伦敦www.interiorsuk.com
Maison Objet，法国巴黎www.maison–objet.com
Pulse，英国伦敦www.pulse–london.com
Surface Design show，英国伦敦www.surface–designshow.com
Tent London，英国伦敦www.tentlondon.co.uk
Top Drawer，英国www.topdrawer.co.uk

视觉营销行业的供应商

人体模型供应商

ABC Manichini
www.abcitalia.com
Almax
www.almax-italy.com
Bonavari
www.bonaveri.com
Cofrad Mannequins
www.cofrad.com
Hansboot Mannequins
www.hansboodtmannequins.com
La Rosa
www.larosaitaly.com
Proportion>London
www.proportionlondon.com
Rootstein
www.rootstein.com
Stockman
www.siegel-stockman.com
Universal Display
www.universaldisplay.co.uk

视觉营销设计专家

Barthelmess
www.barthelmess.com
Blacks Visual Merchandising
www.blacks-vm.com
Chameleon Visual
www.chameleonvisual.co.uk
Concorde Graphics
www.concordegraphics.com
D1 Design and Creative
www.displayone.co.uk
DZD
www.dzd.co.uk
Elemental Design
www.elemental.co.uk
Harlequin Design
www.harlequin-design.com
Matt Wingfield
www.mattwingfieldstudio.com
Minki Balinki
www.minkibalinki.com
PLANarama
www.planarama.com
Prop Studios
www.propsstudios.co.uk
Rare Basic
www.rarebasic.co.uk
Replica
www.replica.co.uk
SFD-Shop Fittings Direct
www.sfd.co.uk

术语

ATV：

平均成交价格，即一位消费者的平均消费支出，由成交总价格除以成交量得出。

底盘：

用于支撑人体模型的装置，通常由金属或玻璃做成，形状为方形或圆形。

底模：

人体模型的下半部，通常用于泳裤、贴身内裤的展示。

上半身人体模型/躯干：

切断腰部、大腿或颈部的人体模型。定做的上半身人体模型由布料制作而成，布料材质使其更易用来展示产品。

封闭式销售：

将高端或高价值产品锁在橱柜里展示。

色块陈列：

根据色彩理论和原则以颜色群、序列和组合来展示商品。

核心产品系列：

始终有存货且货量保持稳定的商品。

客户体验：

客户对一个品牌建立的感受。

设计流程：

从调查研究到设计开发并确定最终作品的过程。

双重定位：

指不止在一个场地销售商品。尤其当一种商品能多量销售时，可增加连带销售和装备建设。

招牌：

位于店铺外前端围绕窗户的位置，常包括品牌名称和商标。

焦点：

吸引眼球的区域。店铺内和橱窗中可存在多个焦点。

客流量：

进入专卖店中顾客的数量。

热门区域：

专卖店里每个顾客可看到或经过的地方，具有高客流量和高曝光量。

冲动销售：

无计划的购买。零售商在排队区或高价产品旁推销低价值商品，比如袜子、唇膏、雨伞等。

JTS：

“销售之旅”由商业环境中的印刷材料、视觉效果、直接标志、促销标语、产品描述以及户外广告组成，这些都用于支持顾客体验。

限量版：

为创造独特性而设计，有利于增加平均成交价格（ATV）。

连带销售：

将一个商品摆放在另一个商品旁以激发顾客购买欲望或促使顾客购买更多商品，例如洗面奶和磨砂膏的组合，电视机和DVD播放器的组合。

品类邻接：

同连带销售类似，但商品以顾客使用商品的逻辑序列来布置，例如将胸罩和内裤放在一起，将衬衫和领带摆在一起等。